Escala Auxiliar Básica de Soporte Administrativo de la Universitat de València

Junio, 2024

Curso

*La diferencia entre aprobar
y sacar plaza*

Escala Auxiliar Básica de Soporte Administrativo

UNIVERSITAT DE VALÈNCIA

Accede a tu **Curso MAD360** y disfruta de los siguientes recursos:

- Técnicas de Memoria 360.
- MADTEST: Test nivel PRO.
- Temario en formato digital.
- Vídeos.
- Planificación de estudio.
- Foro entre opositores hasta la fecha del examen.*
- Recursos y novedades exclusivas.
- Consulta sobre la oposición y el proceso selectivo.
- Actualizaciones legislativas (Boletines Oficiales) hasta 60 días antes de la fecha del examen.*

Para acceder al Curso MAD360** será necesaria la compra de todos los libros para esta especialidad de la edición 2024.

Valida los códigos que encuentras en la última página de tus libros y disfruta de la experiencia MAD360.

Infórmate en: mad.es/registro-campus

NOTA IMPORTANTE:

* Examen de esta categoría profesional correspondiente a la convocatoria publicada en el BOE n.º 126, de 24 de mayo de 2024, o hasta el 30 de junio del 2025, lo que se cumpla antes.

** El acceso al CURSO MAD360 estará disponible desde julio de 2024 (algunos recursos podrían estar disponibles en fecha posterior). Tendrá una duración de 365 días, desde la validación de códigos, o hasta el 31 de diciembre del 2025, lo que se cumpla antes.

MAD se reserva el derecho a ampliar dichas fechas.

Escala Auxiliar Básica de Soporte Administrativo de la Universitat de València

Test del temario

Autores

JESÚS M.ª CALVO PRIETO
Licenciado en Derecho

TERESA MARÍA TORRES FONSECA
Licenciada en Derecho

ENCARNA ROJO FRANCO
Autora de libros de texto: Oposiciones y Certificados de Profesionalidad
Profesora de Derecho Público

CARLOS TOJEIRO ALCALÁ
Ingeniero Informático
Titulado MCP de Microsoft

© 7 Editores Recursos para la Cualificación Profesional y el Empleo, S.L. (7 Editores)
© Los autores
Primera edición, junio 2024 (160 páginas)
Derechos de edición reservados a favor de 7 Editores
IMPRESO EN ESPAÑA
Diseño Portada: 7 Editores
Edita: 7 Editores
Avda. San Francisco Javier, 9 · Edificio Sevilla 2 · Planta 11 · Módulos 25-27 · 41018 Sevilla
Teléfono: 954 784 411 · WEB: www.mad.es · e-mail: administracion@7editores.com
ISBN: 978-84-142-8320-2
© "Editorial Mad" y "Eduforma" son nombres comerciales registrados de
7 Editores Recursos para la Cualificación Profesional y el Empleo, S.L.

Índice

Test n.º 1. La Constitución Española de 1978 (I). Título preliminar. Título I: De los derechos y de los deberes fundamentales. Título II: De la Corona (*63 preguntas*) 9

Test n.º 2. La Constitución Española de 1978 (II). Título III: De las Cortes Generales. Capítulo Primero: De las Cámaras. Título IV: Del Gobierno y de la Administración (*46 preguntas*) 23

Test n.º 3. La Constitución Española de 1978 (III). Título VIII: De la organización territorial del Estado. Título X: De la reforma constitucional (*27 preguntas*) 35

Test n.º 4. La Ley 39/2015, de 1 de octubre, del Procedimiento Administrativo Común de las Administraciones públicas (I). Título preliminar. Título I: De los interesados en el procedimiento. Título II: De la actividad de las Administraciones Públicas (*23 preguntas*) 43

Test n.º 5. La Ley 39/2015, de 1 de octubre, del Procedimiento Administrativo Común de las Administraciones públicas (II). Título III: De los actos administrativos. Título IV: De las disposiciones sobre el procedimiento administrativo común (*45 preguntas*) 51

Test n.º 6. La Ley 39/2015, de 1 de octubre, del Procedimiento Administrativo Común de las Administraciones públicas (III). Título V: De la revisión de los actos en vía administrativa (*20 preguntas*)................................. 63

Test n.º 7. Reglamento de ejecución presupuestaria de la Universitat de València para el año 2024. La gestión económica de la Universitat de València. Autorización del gasto y autorización del pago. Gestión del gasto: fases del procedimiento (*15 preguntas*) 69

Test n.º 8. La Ley 4/2021, de 16 de abril, de la Generalitat, de la función pública valenciana (I). Título I: Objeto, principios y ámbito de aplicación de la ley. Título III: Personal al servicio de las administraciones públicas. Título IV: Estructura y ordenación de la ocupación pública (*14 preguntas*) 73

Test n.º 9. La Ley 4/2021, de 16 de abril, de la Generalitat, de la función pública valenciana (II). Título V: Nacimiento y extinción de la relación de servicio. Título VI: Derechos, deberes e incompatibilidades del personal empleado público (excepto capítulo III y sección 2.ª del capítulo IV) (*25 preguntas*) 79

Test n.º 10. La Ley 4/2021, de 16 de abril, de la Generalitat, de la función pública valenciana (III). Título VII: Provisión de puestos de trabajo y movilidad. Título VIII: Promoción profesional. Título IX: Situaciones administrativas del personal funcionario de carrera (*24 preguntas*) 87

Test n.º 11. La Ley Orgánica 2/2023, de 22 de marzo, del Sistema Universitario (I): Título Preliminar. Título I: Funciones del sistema universitario y autonomía de las universidades (*10 preguntas*) 95

Test n.º 12. La Ley Orgánica 2/2023, de 22 de marzo, del Sistema Universitario (II): Título III: Organización de enseñanzas. Título VIII: El estudiantado en el Sistema Universitario (*10 preguntas*) 99

Test n.º 13. La Ley Orgánica 2/2023, de 22 de marzo, del Sistema Universitario (III): Título IX: Régimen específico de las universidades públicas (*15 preguntas*) 103

Test n.º 14. Los Estatutos de la Universitat de València (I): Título Preliminar: De la naturaleza y fines de la Universitat de València. Título Primero: De la estructura de la Universitat de València. Capítulo primero: de los departamentos. Capítulo Segundo: De las facultades y escuelas. Sección primera: De las facultades y escuelas propias. Capítulo Tercero: De los institutos universitarios de investigación. Capítulo Séptimo: De los Servicios generales. Capítulo Octavo: De los Servicios Centrales Administrativos y Económicos (*25 preguntas*) 107

Test n.º 15. Los Estatutos de la Universitat de València (II). Título Segundo: De los órganos centrales de la Universitat. Título Tercero: De los estudios y de la investigación. Título Sexto: Del régimen jurídico de la universitat y de las garantías internas de los derechos e intereses. Capítulo Cuarto: De la Sindicatura Universitària de Greuges (*47 preguntas*) 115

Test n.º 16. La Ley Orgánica 3/2007, de 22 de marzo, para la Igualdad Efectiva de Mujeres y Hombres (*26 preguntas*)....................................... 129

Test n.º 17. La Ley 31/1995, de 8 de noviembre, de prevención de riesgos laborales (excepto los capítulos VI y VII) (*30 preguntas*) 139

Test n.º 18-19-20. Word 2016 (I): Crear, abrir y guardar un documento. Edición básica: seleccionar. Eliminar, deshacer y rehacer. Copiar, cortar y pegar. Buscar y reemplazar. Formato, carácter y párrafo. Diseño de página. Impresión. Word 2016 (II): Insertar tablas, encabezado y pie de página. Imágenes, imágenes en línea y formas. Word 2016 (III): Combinación de correspondencia. Revisión, ortografía y gramática (*40 preguntas*) 149

TEST N.º 1

La Constitución Española de 1978 (I). Título preliminar. Título I: De los derechos y de los deberes fundamentales. Título II: De la Corona

1. ¿En qué se fundamenta la Constitución Española?

a) En un Estado social y democrático de Derecho.
b) En la indisoluble unidad de la Nación española.
c) En la independencia de los poderes del Estado.
d) En la organización territorial del Estado.

2. Según el artículo 3 de la CE, el castellano es la lengua oficial del Estado y todos los españoles:

a) Tienen el deber de usar y el derecho de conocer el castellano.
b) Tienen el derecho y el deber de conocer el castellano.
c) Tienen el deber de conocer y el derecho de usar el castellano.
d) Tienen el derecho de conocer y usar el castellano.

3. La Constitución Española reconoce y garantiza el derecho a la autonomía:

a) De las nacionalidades que la integran.
b) De las regiones que la integran.
c) De las Comunidades Autónomas que la integran.
d) De las nacionalidades y regiones que la integran.

4. El Preámbulo de la Constitución:

a) Tiene en sí carácter de norma jurídica.
b) Es una declaración de intenciones, destinada a interpretar lo que se quiere alcanzar con el contenido normativo de la Constitución.
c) Se trata de un texto sin fuerza jurídica de obligar.
d) Las respuestas b) y c) son correctas.

5. Señala la respuesta correcta, respecto de la aprobación, ratificación y publicación de la Constitución Española:

a) Aprobada por las Cortes el 31 de octubre de 1978, ratificada por el pueblo en referéndum el 6 de diciembre de 1978 y publicada el 29 de diciembre de 1978.
b) Aprobada por las Cortes el 30 de octubre de 1978, ratificada por el pueblo en referéndum el 16 de diciembre de 1978 y publicada el 27 de diciembre de 1978.
c) Aprobada por las Cortes el 31 de octubre de 1978, ratificada por el pueblo en referéndum el 16 de diciembre de 1978 y publicada el 29 de diciembre de 1978.
d) Aprobada por las Cortes el 10 de octubre de 1978, ratificada por el pueblo en referéndum el 26 de diciembre de 1978 y publicada el 30 de diciembre de 1978.

6. ¿En qué parte de la Carta Magna se establece la exposición de motivos que impulsan la norma constitucional y los objetivos que con ella se pretenden alcanzar?

a) En el Título Preliminar.
b) En el Preámbulo.
c) En el Título I.
d) En el Título II.

7. La Constitución Española fue sancionada por:

a) El Rey.
b) El Presidente del Congreso.
c) Las Cortes Generales.
d) El Presidente del Gobierno.

8. ¿Cuáles de los siguientes españoles de origen pueden ser privados de su nacionalidad?

a) Exclusivamente los miembros de grupos terroristas.
b) Los miembros de grupos terroristas y los que atenten contra el Rey u otro miembro de la Casa Real.
c) Los que atenten contra un miembro de la Familia Real o del Gobierno de la Nación.
d) Ningún español de origen podrá ser privado de su nacionalidad.

9. Según la CE son fundamentos del orden político y la paz social:

a) La dignidad de la persona, los derechos violables que les son inherentes y el respeto a la ley.
b) La dignidad de la persona, el desarrollo limitado de la personalidad y el respeto a la ley.
c) El respeto a la ley, a los reglamentos administrativos y demás disposiciones legales.
d) La dignidad de la persona, los derechos inviolables que le son inherentes, el libre desarrollo de su personalidad, el respeto a la ley y a los derechos de los demás.

10. ¿Cuál de los siguientes es considerado por la CE como uno de los valores superiores del ordenamiento jurídico?

a) La jerarquía normativa.
b) El pluralismo político.
c) La publicidad normativa.
d) La equidad.

11. La forma política del Estado español es:

a) Democracia parlamentaria.
b) Gobierno parlamentario.
c) Monarquía parlamentaria.
d) República democrática.

12. La parte de la CE que regula la estructura de los principales órganos del Estado recibe el nombre de:

a) Parte dogmática.
b) Parte orgánica.
c) Parte estatal.
d) Parte estructural.

13. Según la CE, la soberanía nacional:

a) Corresponde a las Cortes Generales, al estar compuestas por los representantes del pueblo.
b) Corresponde al Rey.
c) Reside en el pueblo español.
d) Corresponde al Gobierno de la Nación elegido directamente por el pueblo.

14. El derecho a la propiedad en nuestra Constitución es un Derecho:

a) Inherente a la condición humana.
b) Absoluto.
c) Limitado por la función social de la misma.
d) Ninguna de las respuestas anteriores es correcta.

15. ¿En qué parte de la Carta Magna se señalan los valores superiores del ordenamiento jurídico?

a) En el Preámbulo.
b) En el Título Preliminar.
c) En el Título I.
d) Ninguna respuesta es correcta.

16. ¿Cuál de las siguientes es una de las características de nuestra Constitución de 1978?

a) Consensuada.
b) Corta.
c) Conservadora.
d) Originalidad.

17. ¿Qué quedará excluido de extradición?

a) Los delitos criminales.
b) Los delitos políticos.
c) Los actos de terrorismo.
d) Ninguno.

18. ¿Qué debe ser democrático, a tenor de lo dispuesto en la Constitución Española, en los sindicatos de trabajadores y las asociaciones empresariales?

a) Su funcionamiento.
b) Su estructura interna.
c) Su funcionamiento y estructura interna.
d) Sus órganos asamblearios.

19. ¿De cuántos Capítulos consta el Título I de la CE de 1978?

a) De tres.
b) De cinco.
c) De dos.
d) De cuatro.

20. Dispone la Carta Magna que todos contribuirán al sostenimiento de los gastos públicos de acuerdo con su capacidad económica mediante un sistema tributario justo inspirado en los principios de:

a) Legalidad y equidad.
b) Igualdad y progresividad.
c) Publicidad y legalidad.
d) Eficacia y sostenibilidad.

21. Las primeras elecciones democráticas celebradas en España tras la muerte de Franco tuvieron lugar en:

a) 1975.
b) 1976.
c) 1977.
d) 1978.

22. El referéndum en el que se aprobó popularmente la Constitución se llevó a efecto el:

a) 27 de diciembre de 1978.
b) 6 de diciembre de 1978.
c) 31 de octubre de 1978.
d) 29 de diciembre de 1979.

23. Según la Constitución, una norma que imponga una nueva pena más leve para un delito:

a) No se aplica retroactivamente.
b) Puede aplicarse retroactivamente.
c) Ha de ser reglamentaria.
d) Atenta contra el principio de legalidad penal si se aplica retroactivamente.

24. La capital del Estado en España es:

a) La propia de cada Comunidad Autónoma.
b) La villa de Madrid.
c) Aquella donde se establezca en cada momento el Gobierno de la Nación.
d) Aquella en la que resida generalmente el Rey.

25. Los principios rectores de la política social y económica se regulan en el siguiente Capítulo y Título de la Constitución:

a) Segundo del Primero.
b) Tercero del Primero.
c) Tercero del Preliminar.
d) Primero del Séptimo.

26. El pluralismo político, para nuestra Constitución, es un/una:

a) Principio General del ordenamiento político.
b) Valor superior del ordenamiento jurídico.
c) Principio rector de la política social y económica.
d) Derecho fundamental.

27. La justicia, según nuestra Constitución, es un/una:

a) Principio de nuestro ordenamiento jurídico.
b) Valor superior del ordenamiento jurídico.
c) Manifestación del Estado democrático.
d) Todo lo anterior.

28. Un español de origen puede perder esta nacionalidad:

a) Por sanción administrativa.
b) Cuando libremente renuncie a la misma.
c) Por condena penal.
d) En ningún caso.

29. Las Comunidades Autónomas deben usar o instalar la bandera española:

a) En sus edificios.
b) En los actos oficiales.
c) Cuando lo solicite el Delegado del Gobierno de la Nación en las mismas.
d) Cuando lo estimen oportuno.

30. Deben tener una estructura interna y un funcionamiento democrático los/las:

a) Partidos Políticos.
b) Colegios Profesionales.
c) Organizaciones Profesionales.
d) Todos ellos.

31. La defensa de la integridad territorial de España se atribuye por la Constitución a/al/a las:

a) Fuerzas y Cuerpos de Seguridad.
b) Fuerzas Armadas.
c) Gobierno de la Nación.
d) Todas las anteriores.

32. El Título de la Constitución que trata de las relaciones entre el Gobierno y las Cortes Generales es el:

a) Cuarto.
b) Quinto.
c) Sexto.
d) Tercero.

33. La Constitución entró en vigor:

a) Al día siguiente de su publicación en el Boletín Oficial del Estado.
b) El 27 de diciembre de 1978.
c) El 29 de diciembre de 1978.
d) Al ser aprobada en la sesión conjunta por el Congreso de los Diputados y el Senado.

34. En virtud del principio de progresividad tributaria:

a) Se implantarán paulatinamente cada vez mayores tributos.
b) Los tipos impositivos serán regresivos.
c) Prima el principio de igualdad en el pago de los tributos.
d) Nada de lo expuesto es cierto.

35. Además de en la vida económica y política, los poderes públicos deben fomentar la participación de los ciudadanos en la vida:

a) Cultural.
b) Social.
c) Corporativa.
d) Las respuestas a) y b) son correctas.

36. El derecho a la vida se consagra en el siguiente artículo de la Constitución:

a) 10.
b) 16.
c) 15.
d) 24.

37. La pena de muerte en España:

a) Ha quedado abolida.
b) Puede aplicarse en cualquier momento.
c) Solo se aplicará, en tiempo de guerra, a los militares.
d) Rige solo en el ámbito civil.

38. La inmediata puesta a disposición judicial derivada del habeas corpus, se produce por:

a) Detención ilegal.
b) Prisión ilegal.
c) Prisión preventiva.
d) Detención preventiva.

39. El proceso en el que se enjuicie a un presunto delincuente debe:

a) Ser sumario.
b) No dilatarse.
c) Entorpecer los instrumentos probatorios.
d) Nada de lo anterior es cierto.

40. La entrada en un domicilio en caso de flagrante delito, sin autorización de su titular:

a) Puede dar lugar a la aplicación del habeas corpus.
b) Requiere autorización previa de la autoridad judicial.
c) Puede efectuarse en todo momento.
d) No puede realizarse en momento alguno.

41. Cuando, al conocerse la comisión de un delito por una persona, se acude a su domicilio para detenerla:

a) Está obligada a franquear la entrada.
b) Se necesitará autorización judicial para entrar, si no da su consentimiento para ello.
c) Pese a que no dé su consentimiento, se puede entrar.
d) Nada de lo anterior es correcto.

42. La autorización previa para celebrar una manifestación pública:

a) La da el Subdelegado del Gobierno en la Provincia.
b) Es ineludible.
c) Sería inconstitucional.
d) Se da cuando no se prevean alteraciones al orden público, con peligro para personas o bienes.

43. El tipo de sufragio que consagra la Constitución es el:

a) Proporcional.
b) Universal.
c) Censitario.
d) Las respuestas a) y b) son correctas.

44. Además de la no autoinculpación, la Constitución prevé que no se está obligado a declarar sobre un hecho presuntamente delictivo en caso de:

a) Parentesco y afinidad.
b) Cláusula de conciencia.
c) Secreto profesional.
d) Las respuestas a) y b) son correctas.

45. Los Tribunales de Honor están prohibidos respecto de los/la/las:

a) Sindicatos y Organizaciones Profesionales.
b) Administración Civil y Militar.
c) Organizaciones Profesionales y la Administración Civil.
d) Todas las respuestas anteriores son correctas.

46. El secreto profesional, constitucionalmente, sirve para:

a) Ejercer con libertad una profesión titulada.
b) La libertad de creación científica y técnica.
c) No declarar sobre hechos presuntamente delictivos.
d) Todo lo anterior.

47. La fundación de una Internacional Sindical por un sindicato español:

a) Es libre.
b) Está prohibida.
c) Debe plasmarse en un Tratado Internacional.
d) Nada de lo anterior es cierto.

48. El ejercicio del derecho de petición a través de una manifestación ciudadana:

a) No se admite.
b) Se admite en algún caso.
c) Se admite, salvo para los militares.
d) Ni se admite ni se prohíbe.

49. La asunción de funciones constitucionales por la Reina consorte:

a) Está prevista como regla general.
b) Depende de la voluntad del Rey.
c) Está prohibida.
d) Está limitada.

50. La tutoría del Rey puede recaer en:

a) Cualquier persona nombrada por las Cortes Generales, en su caso.
b) Sus hijos.
c) Una, tres o cinco personas.
d) Nada de lo anterior es cierto.

51. Una hija del Príncipe de Asturias ostentará este tratamiento:

a) Cuando su padre acceda a la condición de Rey, si es la primogénita, aunque tenga hermanos varones.
b) Al morir su padre.
c) Al acceder a Rey su padre, si no tiene hermano varón.
d) Cuando delegue en ella el propio Príncipe.

52. La Regencia se ejerce:

a) Por mandato del Rey.
b) En nombre de este.
c) Por mandato constitucional.
d) Las respuestas b) y c) son correctas.

53. La dirección de la defensa del Estado es competencia genuina del/de las:

a) Rey.
b) Fuerzas Armadas.
c) Gobierno de la Nación.
d) Todos ellos.

54. El refrendo de los actos del Rey está íntimamente relacionado con:

a) Su irresponsabilidad política.
b) Su inhabilitación.
c) La Regencia.
d) Sus poderes discrecionales.

55. En caso de que el Rey sea menor de edad:

a) No tomará posesión de su cargo hasta su mayoría de edad.
b) Ejercerá la Regencia el Príncipe heredero.
c) Ejercerá la Regencia su cónyuge.
d) Nada de lo anterior es cierto.

56. Si el Príncipe heredero tuviera descendientes y renunciara a sus derechos al trono:

a) Su cónyuge ejercería la Regencia hasta que su primogénito varón fuere mayor de edad.
b) Su cónyuge ejercería la Regencia hasta que dicho primogénito fuera proclamado Rey.
c) Se nombraría Princesa heredera a su hermana mayor, si la hubiere.
d) Nada de lo anterior es cierto.

57. La presidencia por el Rey de las reuniones del Consejo de Ministros:

a) Se permite solo respecto de las decisorias.
b) Ha de efectuarse a petición del Presidente del Gobierno de la Nación.
c) Está prevista constitucionalmente para dirigir la Administración Civil y Militar.
d) Las respuestas a) y b) son ciertas.

58. El juramento lo prestará el Rey ante el/las:

a) Cortes Generales.
b) Gobierno de la Nación.
c) Miembros de la Familia Real.
d) Pueblo español.

59. Si se agotan todas las líneas llamadas a la sucesión en la Corona de España, se:

a) Nombran Regentes.
b) Proveerá a la sucesión en la Corona por las Cortes Generales.
c) Proclama la República.
d) Establece una Dictadura.

60. La inhabilitación del Rey se reconoce por el/los/las:

a) Gobierno de la Nación.
b) Congreso de los Diputados.
c) Cortes Generales.
d) Tres Poderes constitucionales.

61. El Regente nombrado en defecto de padre, madre, pariente mayor de edad o Príncipe heredero mayor de edad se designa por el/las:

a) Propio Rey.
b) Cortes Generales.
c) Congreso de los Diputados.
d) Consejo de Regencia.

62. ¿Quién proveerá a la sucesión en la Corona en la forma que más convenga a los intereses de España cuando estén extinguidas todas las líneas llamadas en Derecho?

a) El Presidente del Gobierno.
b) El Senado.
c) El Congreso de los Diputados.
d) Las Cortes Generales.

63. Si no hubiere ninguna persona a quien corresponda la Regencia, esta será nombrada por las Cortes Generales, y se compondrá de:

a) Una única persona.
b) Una o dos personas.
c) Una, tres o cinco personas.
d) De tres a seis personas.

Solución al test n.º 1

1. b) En la indisoluble unidad de la Nación española.

2. c) Tienen el deber de conocer y el derecho de usar el castellano.

3. d) De las nacionalidades y regiones que la integran.

4. d) Las respuestas b) y c) son correctas.

5. a) Aprobada por las Cortes el 31 de octubre de 1978, ratificada por el pueblo en referéndum el 6 de diciembre de 1978 y publicada el 29 de diciembre de 1978.

6. b) En el Preámbulo.

7. a) El Rey.

8. d) Ningún español de origen podrá ser privado de su nacionalidad.

9. d) La dignidad de la persona, los derechos inviolables que le son inherentes, el libre desarrollo de su personalidad, el respeto a la ley y a los derechos de los demás.

10. b) El pluralismo político.

11. c) Monarquía parlamentaria.

12. b) Parte orgánica.

13. c) Reside en el pueblo español.

14. c) Limitado por la función social de la misma.

15. b) En el Título Preliminar.

16. a) Consensuada.

17. b) Los delitos políticos.

18. c) Su funcionamiento y estructura interna:

19. b) De cinco.

20. b) Igualdad y progresividad.

21. c) 1977.

22. b) 6 de diciembre de 1978.

23. b) Puede aplicarse retroactivamente.

24. b) La villa de Madrid.

25. b) Tercero del Primero.

26. b) Valor superior del ordenamiento jurídico.

27. b) Valor superior del ordenamiento jurídico.

28. b) Cuando libremente renuncie a la misma.

29. b) En los actos oficiales.

30. d) Todos ellos.

31. b) Fuerzas Armadas.

32. b) Quinto.

33. c) El 29 de diciembre de 1978.

34. d) Nada de lo expuesto es cierto.

35. d) Las respuestas a) y b) son correctas.

36. c) 15.

37. a) Ha quedado abolida.

38. a) Detención ilegal.

39. b) No dilatarse.

40. c) Puede efectuarse en todo momento.

41. b) Se necesitará autorización judicial para entrar, si no da su consentimiento para ello.

42. c) Sería inconstitucional.

43. b) Universal.

44. c) Secreto profesional.

45. c) Organizaciones Profesionales y la Administración Civil.

46. c) No declarar sobre hechos presuntamente delictivos.

47. a) Es libre.

48. a) No se admite.

49. d) Está limitada.

50. a) Cualquier persona nombrada por las Cortes, en su caso.

51. c) Al acceder a Rey su padre, si no tiene hermano varón.

52. d) Las respuestas b) y c) son correctas.

53. c) Gobierno de la Nación.

54. a) Su irresponsabilidad política.

55. d) Nada de lo anterior es cierto.

56. c) Se nombraría Princesa heredera a su hermana mayor, si la hubiere.

57. b) Ha de efectuarse a petición del Presidente del Gobierno de la Nación.

58. a) Cortes Generales.

59. b) Proveerá a la sucesión en la Corona por las Cortes Generales.

60. c) Cortes Generales.

61. b) Cortes Generales.

62. d) Las Cortes Generales.

63. c) Una, tres o cinco personas.

TEST N.º 2

La Constitución Española de 1978 (II). Título III: De las Cortes Generales. Capítulo Primero: De las Cámaras. Título IV: Del Gobierno y de la Administración

1. Señala la respuesta correcta:

a) El Congreso de los Diputados es la Cámara de representación territorial.
b) Las poblaciones de Ceuta y Melilla elegirán cada una de ellas un Senador.
c) Son electores y elegibles todos los españoles que estén en pleno uso de sus derechos políticos.
d) El art. 68 de la Carta Magna dispone que el Congreso se compone de un mínimo de 350 y un máximo de 400 Diputados.

2. El número mínimo de Diputados previstos para el Congreso de los Diputados es de:

a) 250.
b) 300.
c) 400.
d) 350.

3. No es incompatible para ser elegido Diputado del Congreso de los Diputados un:

a) Militar en activo.
b) Miembro de una Junta Electoral.
c) Juez.
d) Ministro.

4. La Palma elige los siguientes Senadores:

a) Ninguno.
b) Dos.
c) Uno.
d) Cuatro.

5. La declaración del estado de sitio debe hacerla el/las:

a) Gobierno de la Nación.
b) Rey.
c) Congreso de los Diputados.
d) Presidente del Gobierno de la Nación.

6. El Presidente de la Diputación Permanente del Congreso de los Diputados es el:

a) Del partido mayoritario.
b) Portavoz del partido con mayor número de escaños.
c) Presidente de la Cámara.
d) Elegido por los Portavoces de los Grupos Parlamentarios.

7. El mínimo de miembros integrantes de una Comisión de Investigación según el artículo 76 de la Constitución es de:

a) Veintiuno.
b) Mayoría simple.
c) Mayoría absoluta.
d) No se establece.

8. No puede solicitar la celebración de una sesión extraordinaria de las Cortes Generales el/la:

a) Mayoría absoluta de sus miembros.
b) Diputación Permanente de ellas.
c) Mesa de cada Cámara.
d) Gobierno de la Nación.

9. El primer período de sesiones de las Cámaras concluye, según la Constitución:

a) Al finalizar su mandato.
b) En enero.
c) En diciembre.
d) En junio.

10. No puede delegarse en una Comisión Legislativa Permanente la posibilidad de aprobar una Ley:

a) Tributaria.
b) De funcionarios públicos.
c) Orgánica.
d) Las respuestas a) y c) son correctas.

11. ¿Por cuántos Diputados estarán representadas las poblaciones de Ceuta y Melilla?

a) Cada una de ellas por un Diputado.
b) Cada una de ellas por dos Diputados.
c) Ceuta por dos y Melilla por uno.
d) Melilla por dos Diputados y Ceuta por uno solo.

12. Señala la respuesta incorrecta respecto al Senado:

a) Las poblaciones de Ceuta y Melilla elegirán cada una de ellas dos Senadores.
b) En cada Provincia se elegirán cuatro Senadores por sufragio universal, libre, igual, directo y secreto por los votantes de cada una de ellas.
c) El Senado es la Cámara de representación territorial.
d) Las Comunidades Autónomas designarán, además, un Senador y otro más por cada medio millón de habitantes de su respectivo territorio.

13. ¿Con qué norma se restauró el sistema bicameral en España?

a) Con la Constitución de la I República.
b) Con la Ley 1/1977, de 4 de enero, para la Reforma Política.
c) Con la Ley 5/1981, de 3 de mayo, para la Reforma Constitucional.
d) Con la Constitución de 1978.

14. ¿Qué potestad/es ejercen las Cortes Generales?

a) La potestad ejecutiva del Estado.
b) La potestad legislativa y ejecutiva del Estado.
c) La potestad reglamentaria del Estado.
d) La potestad legislativa del Estado.

15. Las Cámaras pueden recibir peticiones:

a) Individuales y colectivas, siempre por escrito.
b) Individuales y colectivas, excepcionalmente por escrito.
c) Solo individuales pero siempre por escrito.
d) Solo colectivas, pero nunca por escrito.

16. Las sesiones plenarias de las Cámaras serán:

a) Siempre públicas.
b) Siempre secretas.
c) Públicas, salvo acuerdo en contrario de cada Cámara, adoptado por mayoría absoluta.
d) Secretas, salvo acuerdo en contrario de cada Cámara, adoptado por mayoría absoluta.

17. Según exige la Constitución Española, el Congreso de los Diputados otorga su confianza al candidato a la Presidencia del Gobierno:

a) Por mayoría especial de 3/5 de sus miembros.
b) Por mayoría cualificada de 2/3 de sus miembros.
c) Por mayoría absoluta de sus miembros.
d) Por mayoría simple de sus miembros.

18. El Rey propone al candidato a la Presidencia del Gobierno:

a) Mediante Real Decreto.
b) A través del Presidente del Gobierno saliente.
c) A través del Presidente del Congreso.
d) Ninguna respuesta es correcta.

19. La acusación de traición al Presidente y demás miembros del Gobierno en el ejercicio de sus funciones, puede ser planteada por:

a) Cualquier ciudadano mediante la acción popular.
b) Las Cortes Generales.
c) La cuarta parte de los miembros del Congreso de los Diputados.
d) El Rey.

20. Los miembros del Gobierno de la Nación serán nombrados por:

a) El Presidente del Gobierno.
b) El Rey, a propuesta del Presidente del Gobierno.
c) El Presidente del Congreso.
d) La mayoría simple de los Diputados.

21. El Presidente del Gobierno es elegido por:

a) Las Cortes.
b) El Congreso de los Diputados.
c) El Rey.
d) Directamente por los electores.

22. El Gobierno español es un órgano:

a) Presidencialista.
b) Colegiado.
c) Unipersonal.
d) Cameralista.

23. Según la Constitución, la Administración Pública ha de actuar de acuerdo con los principios de:

a) Descentralización y desconcentración.
b) Unidad y variedad.
c) Coordinación y tutela.
d) Jerarquía y delegación.

24. El control de la potestad reglamentaria del Gobierno corresponde:

a) Al Congreso.
b) Al Senado.
c) Al Tribunal de Cuentas.
d) A los Tribunales según la materia.

25. La prerrogativa real de gracia no será aplicable a:

a) Los Ministros.
b) Los Secretarios de Estado.
c) Los Subsecretarios.
d) Podrá aplicarse a todos los anteriores.

26. Según la Constitución, ¿cuál de los siguientes órganos dirige la defensa del Estado?

a) El Rey.
b) La Junta de Defensa Nacional.
c) El Ministerio de Defensa.
d) El Gobierno.

27. El debate para la elección de Presidente del Gobierno se denomina:

a) Moción.
b) Elección.
c) Investidura.
d) Propuesta.

28. ¿Cuál de las siguientes afirmaciones es correcta?

a) Los Ministros sin cartera tienen menos rango administrativo y político que el resto de los Ministros.
b) Todos los Ministros tienen idéntico rango político y administrativo.
c) Unos Ministros, denominados de Estado, tienen preferencia sobre los demás.
d) Los Ministros que cuentan con Secretarios de Estado tienen un nivel administrativo superior a los demás.

29. ¿Cómo se nombran los Ministros?

a) Por el Rey, a propuesta del Presidente del Gobierno, previo acuerdo del Consejo de Ministros.
b) Por el Rey, a propuesta del Presidente del Gobierno.
c) Por el Presidente del Gobierno, previo acuerdo del Consejo de Ministros.
d) Por el Rey, a propuesta del Presidente del Congreso.

30. El Presidente del Gobierno es nombrado por:

a) Las Cortes.
b) El Rey.
c) El Congreso de los Diputados.
d) El Senado.

31. Al Vicepresidente del Gobierno lo nombra:

a) El Presidente del Gobierno.
b) El Rey a propuesta del Presidente del Gobierno.
c) El Presidente del Congreso.
d) El Presidente del Tribunal Constitucional.

32. ¿El Presidente del Gobierno puede ejercer una actividad profesional?

a) No.
b) Sí.
c) Sólo en el sector público.
d) Sólo en el sector privado.

33. Mediante el voto de investidura, según nuestra Constitución:

a) Las Cortes otorgan su confianza al Rey cuando es proclamado Jefe de Estado.
b) El Gobierno presenta la cuestión de confianza a las Cortes.
c) El Congreso de los Diputados manifiesta su confianza con la persona que el Rey ha propuesto como Presidente.
d) El Congreso de los Diputados o el Senado, según los casos, presenta un voto de censura contra el Gobierno.

34. La Administración Pública actúa –entre otros– de acuerdo con el principio de jerarquía:

a) Solamente la Autonómica.
b) Sí.
c) Sólo la Administración Local.
d) Sólo la Administración Central.

35. El supremo órgano consultivo del Gobierno es:

a) El Consejo Económico y Social.
b) El Consejo General del Poder Judicial.
c) El Consejo de Estado.
d) El Tribunal Constitucional.

36. El candidato propuesto a Presidente del Gobierno deberá alcanzar en segunda votación:

a) Mayoría de 3/5.
b) Mayoría absoluta en el Congreso.
c) Mayoría simple en el Congreso.
d) Mayoría de 2/3.

37. No corresponde al Gobierno:

a) Aprobar los presupuestos Generales del Estado.
b) Dirigir la Defensa Nacional.
c) Ejercer la Potestad Reglamentaria.
d) Dirigir la Administración Militar.

38. Los Ministros son propuestos por:

a) El Rey.
b) El Presidente del Gobierno.
c) El Consejo de Ministros.
d) El Congreso de los Diputados.

39. El Gobierno se compone, según la Constitución, de:

a) El Presidente y los Ministros.
b) El Presidente, los Vicepresidentes en su caso, los Ministros y los demás miembros que establezca la Ley.
c) El Presidente, el Vicepresidente, los Ministros y los Subsecretarios.
d) Votación en el Congreso de los Diputados.

40. Indica cuál de los actos que se enumeran no forma parte del proceso de designación del Presidente del Gobierno:

a) Consultas previas del Rey con los representantes de los partidos con representación parlamentaria.
b) Exposición por el candidato de su programa al Congreso y votación de confianza por mayoría absoluta.
c) Ratificación de la confianza por el Senado.
d) Votación en el Congreso de los Diputados.

41. Según la Constitución, dirigir la Administración Militar es función del:

a) El Gobierno y las Cortes.
b) El Parlamento.
c) El Gobierno.
d) No lo determina.

42. La responsabilidad criminal de un Ministro es exigible ante:

a) Los Tribunales Superiores de Justicia.
b) Cualquier Sala del Tribunal Supremo.
c) La Sala de lo Penal del Tribunal Supremo.
d) La Audiencia Nacional, con jurisdicción en todo el territorio nacional.

43. La acusación por traición de cualquier miembro del Gobierno exige:

a) La aprobación, por mayoría simple, del Senado.
b) La aprobación del Congreso, ratificada por el Senado.
c) La aprobación, por mayoría simple, del Congreso.
d) La aprobación, por mayoría absoluta, del Congreso.

44. Según la Constitución, coordinar las funciones de todos los miembros del Gobierno, es misión de:

a) El Consejo de Ministros.
b) El Jefe de Estado.
c) El Presidente del Gobierno.
d) La Secretaría de Estado para la coordinación política.

45. ¿La Administración Pública actúa –entre otros– de acuerdo con el principio de jerarquía?

a) Sí.
b) No.
c) Sólo la Administración Local.
d) Sólo la Administración Autonómica.

46. ¿Cuál de estos principios no establece la Constitución con respecto a la actuación de la Administración?

a) Eficacia.
b) Coordinación.
c) División del trabajo.
d) Descentralización.

Solución al test n.º 2

1. c) Son electores y elegibles todos los españoles que estén en pleno uso de sus derechos políticos.

2. b) 300.

3. d) Ministro.

4. c) Uno.

5. c) Congreso de los Diputados.

6. c) Presidente de la Cámara.

7. d) No se establece comunicado al Ministerio Fiscal para el ejercicio, cuando proceda, de las acciones oportunas.

8. c) Mesa de cada Cámara se sobre un orden del día determinado y serán clausuradas una vez que este haya sido agotado.

9. c) En diciembre.

10. c) Orgánica.

11. a) Cada una de ellas por un Diputado.

12. d) Las Comunidades Autónomas designarán, además, un Senador y otro más por cada medio millón de habitantes de su respectivo territorio.

13. b) Con la Ley 1/1977, de 4 de enero, para la Reforma Política.

14. d) La potestad legislativa del Estado.

15. a) Individuales y colectivas, siempre por escrito.

16. c) Públicas, salvo acuerdo en contrario de cada Cámara, adoptado por mayoría absoluta

17. c) Por mayoría absoluta de sus miembros.

18. c) A través del Presidente del Congreso.

19. c) La cuarta parte de los miembros del Congreso de los Diputados.

20. b) El Rey, a propuesta del Presidente del Gobierno.

21. b) El Congreso de los Diputados.

22. b) Colegiado.

23. a) Descentralización y desconcentración.

24. d) A los Tribunales según la materia.

25. a) Los Ministros.

26. d) El Gobierno.

27. c) Investidura.

28. b) Todos los Ministros tienen idéntico rango político y administrativo.

29. b) Por el Rey, a propuesta del Presidente del Gobierno.

30. b) El Rey.

31. b) El Rey a propuesta del Presidente del Gobierno.

32. a) No.

33. c) El Congreso de los Diputados manifiesta su confianza con la persona que el Rey ha propuesto como Presidente.

34. b) Sí.

35. c) El Consejo de Estado.

36. c) Mayoría simple en el Congreso.

37. a) Aprobar los presupuestos Generales del Estado.

38. b) El Presidente del Gobierno.

39. b) El Presidente, los Vicepresidentes en su caso, los Ministros y los demás miembros que establezca la Ley.

40. c) Ratificación de la confianza por el Senado.

41. c) El Gobierno.

42. c) La Sala de lo Penal del Tribunal Supremo.

43. d) La aprobación, por mayoría absoluta, del Congreso.

44. c) El Presidente del Gobierno.

45. a) Sí.

46. c) División del trabajo.

TEST N.º 3

La Constitución Española de 1978 (III). Título VIII: De la organización territorial del Estado. Título X: De la reforma constitucional

1. Según la Constitución, las Entidades que forman parte de la organización territorial del Estado tienen la nota común de:

a) Autogobierno.
b) Independencia.
c) Autonomía.
d) Financiación propia.

2. La titularidad de la soberanía española radica en el/las:

a) Cortes Generales como representantes del pueblo español.
b) Rey como Jefe del Estado.
c) Pueblo mismo.
d) Nacionalidades y regiones que integran España.

3. No pueden constituirse en Comunidades Autónomas los territorios:

a) Que no estén integrados en la organización provincial.
b) Que, no siendo superiores a una Provincia, tengan entidad regional histórica.
c) Que, no siendo superiores a una Provincia, no tengan entidad regional histórica.
d) Interinsulares.

4. La vía ordinaria de acceso a la autonomía por el artículo 143 de la Constitución se sigue por los/las:

a) Provincias con entidad regional histórica.
b) Territorios que en el pasado hubieren plebiscitado afirmativamente proyecto de Estatuto de Autonomía.
c) Provincia sin entidad regional histórica directamente.
d) Supuestos especiales de Ceuta, Melilla y Gibraltar.

5. Entre las determinaciones de los Estatutos de Autonomía no es necesario incluir la:

a) Delimitación de su territorio.
b) Denominación de las instituciones autónomas propias.
c) Denominación de la Comunidad.
d) Denominación, organización y sede de sus instituciones administrativas.

6. En las Comunidades Autónomas que siguen la vía común, el Proyecto de Estatuto será elaborado por la/los:

a) Asamblea de Parlamentarios que se constituye al efecto.
b) Comisión Constitucional del Congreso de los Diputados.
c) Diputación Provincial correspondiente.
d) Miembros de la Diputación u órgano interinsular y por los Diputados y Senadores elegidos por ellas.

7. El voto de ratificación por los Plenos del Senado y del Congreso de los Diputados se dará en el/las:

a) Comunidades Autónomas que siguen la vía común.
b) Comunidades Autónomas que siguen la vía especial.
c) Acceso a la autonomía de Ceuta y Melilla.
d) Acceso a la autonomía de Gibraltar.

8. La responsabilidad política del Presidente de una Comunidad Autónoma se exige por el/la:

a) Sala de lo Penal del Tribunal Supremo.
b) Congreso de los Diputados.
c) Tribunal Superior de Justicia de la Comunidad Autónoma.
d) Asamblea Legislativa de la Comunidad Autónoma.

9. La Asamblea Legislativa de las Comunidades Autónomas se elige:

a) Con criterios de representación territorial.
b) Con criterios de representación proporcional.
c) Por sufragio individual.
d) Con criterios de representación provincial.

10. Con el fin de corregir los desequilibrios económicos interterritoriales y hacer efectivo el principio de solidaridad, se constituye:

a) El Fondo de Compensación Interterritorial.
b) El Comité Económico Interterritorial.

c) El Consejo de Política Fiscal y Financiera.
d) El FASI.

11. Los Estatutos de Autonomía deberán contener el/la/las:

a) Competencias que se dejan al Estado y las que asume la Comunidad.
b) Competencias que, en función de la Constitución, asume cada Comunidad Autónoma.
c) Desarrollo de la Administración Autonómica.
d) División provincial y órganos de gobierno.

12. En la reforma de los Estatutos intervienen las Cortes Generales:

a) Siempre.
b) Nunca.
c) Solo cuanto se trata de Comunidades Autónomas que accedieron por la vía común.
d) En las Comunidades Autónomas de vía especial exclusivamente.

13. Los miembros de las Diputaciones u órganos interinsulares intervienen en la elaboración de los Estatutos de Autonomía:

a) En todo caso.
b) Nunca.
c) En las Comunidades Autónomas de vía común.
d) En las Comunidades Autónomas de vía especial.

14. Los Estatutos de Autonomía en la vía común se aprueban por el:

a) Congreso de los Diputados mediante ley orgánica.
b) Congreso de los Diputados y Senado por ley orgánica.
c) Congreso de los Diputados y Senado por ley ordinaria.
d) Parlamento Autonómico solamente.

15. La más alta representación de una Comunidad Autónoma la ostenta el:

a) Presidente del Parlamento Autonómico.
b) Presidente de la Comunidad Autónoma.
c) Rey.
d) Presidente del Gobierno de la Nación.

16. La asunción de competencias y de mayor autonomía por las Comunidades Autónomas es, como regla general:

a) Regresiva.
b) Progresiva.

c) Automática.
d) Inmediata.

17. En la elaboración por la vía común de los Estatutos de Autonomía:

a) No intervienen los Municipios afectados.
b) Intervendrán en todo caso.
c) Solo intervienen las Diputaciones Provinciales u órganos interinsulares.
d) Solo intervienen los Municipios y los Diputados y Senadores.

18. El principio de solidaridad consagrado por el artículo 138 de la Constitución exige una atención especial a:

a) Las Comunidades Autónomas de economía más deprimida.
b) Las Entidades de ámbito territorial inferior al municipal.
c) Todas las partes del territorio nacional.
d) Las Islas.

19. La federación de Comunidades Autónomas, según la Constitución:

a) Solo se permite respecto de las limítrofes.
b) Requiere Ley Orgánica de las Cortes Generales.
c) Ha de efectuarse previa reforma de la propia Constitución.
d) Está absolutamente prohibida.

20. Puede instar la reforma de la Constitución el/los/las:

a) Asambleas Legislativas de las Comunidades Autónomas.
b) Presidente del Gobierno de la Nación.
c) Consejos de Gobierno de las Comunidades Autónomas.
d) Ninguno de los anteriores.

21. No puede instar la reforma de la Constitución el/los:

a) Presidente del Gobierno de la Nación.
b) Gobierno de la Nación.
c) Congreso de los Diputados.
d) Parlamentos autonómicos.

22. En el procedimiento ordinario de reforma constitucional, el referéndum es:

a) Obligatorio en todo caso.
b) Preceptivo cuando se solicite por una décima parte de los Diputados o Senadores, dentro de los quince días siguientes a la aprobación de la reforma.
c) Voluntario en cualquier caso.
d) Improcedente.

23. La disolución de las Cortes Generales, cuando se va a proceder a la reforma de la Constitución, se produce en caso de:

a) Reforma por el procedimiento excepcional.
b) Reforma por el procedimiento ordinario.
c) Cualquier tipo de reforma.
d) Que así lo estime oportuno el Rey.

24. No puede iniciarse la reforma constitucional en:

a) Tiempo de guerra.
b) El supuesto de que el Rey no lo estime oportuno.
c) Un período extraordinario de sesiones de las Cámaras.
d) Se puede efectuar en los tres supuestos anteriores.

25. En el procedimiento general de reforma constitucional, en principio, el proyecto de reforma debe ser aprobado por:

a) El Congreso de los Diputados por mayoría de dos tercios.
b) El Congreso de los Diputados y el Senado por mayoría de tres quintos.
c) Ambas Cámaras, por mayoría absoluta.
d) Una Comisión Paritaria.

26. El procedimiento excepcional de reforma está previsto en caso de intentarse esta respecto del siguiente Título de la Constitución:

a) Cualquiera.
b) Segundo.
c) Tercero.
d) Ninguno de los anteriores.

27. ¿Qué artículos de nuestra Constitución Española se dedican a la reforma constitucional?

a) Los artículos 166 a 169.
b) Los artículos 160 a 166.
c) Los artículos 58 a 107.
d) Los artículos 13 a 21.

Solución al test n.º 3

1. c) Autonomía.

2. c) Pueblo mismo.

3. d) Interinsulares.

4. a) Provincias con entidad regional histórica.

5. d) Denominación, organización y sede de sus instituciones administrativas.

6. d) Miembros de la Diputación u órgano interinsular y por los Diputados y Senadores elegidos por ellas.

7. b) Comunidades Autónomas que siguen la vía especial.

8. d) Asamblea Legislativa de la Comunidad Autónoma.

9. b) Con criterios de representación proporcional.

10. a) El Fondo de Compensación Interterritorial.

11. b) Competencias que, en función de la Constitución, asume cada Comunidad Autónoma.

12. a) Siempre.

13. c) En las Comunidades Autónomas de vía común.

14. b) Congreso de los Diputados y Senado por ley orgánica.

15. b) Presidente de la Comunidad Autónoma.

16. b) Progresiva.

17. a) No intervienen los Municipios afectados.

18. d) Las Islas.

19. d) Está absolutamente prohibida.

20. a) Asambleas Legislativas de las Comunidades Autónomas.

21. a) Presidente del Gobierno de la Nación.

22. b) Preceptivo cuando se solicite por una décima parte de los Diputados o Senadores, dentro de los quince días siguientes a la aprobación de la reforma.

23. a) Reforma por el procedimiento excepcional.

24. a) Tiempo de guerra.

25. b) El Congreso de los Diputados y el Senado por mayoría de tres quintos.

26. b) Segundo.

27. a) Los artículos 166 a 169.

TEST N.º 4

La Ley 39/2015, de 1 de octubre, del Procedimiento Administrativo Común de las Administraciones públicas (I). Título preliminar. Título I: De los interesados en el procedimiento. Título II: De la actividad de las Administraciones Públicas

1. El ámbito subjetivo de aplicación de la Ley 39/2015, de 1 de octubre, del Procedimiento Administrativo Común de las Administraciones Públicas comprende:

a) Solo la Administración General del Estado.

b) Todas las entidades que integran el sector público, excluidas aquellas que se rigen por el Derecho Privado.

c) Todas las entidades que integran el sector público, incluidas aquellas que se rigen por el Derecho Privado cuando ejerzan potestades administrativas.

d) Todas las entidades y organismos, ya se rijan por el Derecho Público o el Derecho Privado.

2. Se consideran interesados en el procedimiento administrativo:

a) Los que tengan derechos que puedan resultar afectados por la decisión que en el mismo se adopte, aunque no hayan iniciado el procedimiento.

b) Todo aquel, ya sea persona física o jurídica, que presente una denuncia o comparezca en el trámite de información pública.

c) Quienes se personaren en el procedimiento una vez haya recaído resolución definitiva en el mismo.

d) Las asociaciones y organizaciones representativas de intereses económicos y sociales, en todo caso.

3. La representación del interesado en un procedimiento administrativo:

a) Siempre se presume, salvo manifestación en contra del interesado.

b) Impedirá que se tenga por realizado el acto de que se trate, sino se acredita suficientemente aquella con anterioridad.

c) Solo está permitido para las personas jurídicas.

d) Podrá realizarse mediante apoderamiento *apud acta* efectuado por comparecencia electrónica en la correspondiente sede electrónica.

4. Los poderes inscritos en el Registro Electrónico de Apoderamientos de la Administración General del Estado tendrán una validez determinada máxima de:

a) Cinco años desde la última actuación administrativa para la que se utilizó.
b) Cinco años a contar desde la fecha de inscripción.
c) Tres años desde la fecha de inscripción.
d) Son para siempre, salvo revocación expresa del interesado.

5. Los interesados podrán identificarse y firmar electrónicamente en los procedimientos administrativos mediante sistemas basados en certificados electrónicos reconocidos o cualificados de firma o sello electrónicos:

a) Expedidos en cualquier Estado miembro de la Unión Europea.
b) Pero solo si están expedidos por una Administración Pública.
c) Expedidos por prestadores incluidos en la Lista de confianza de prestadores de servicios de certificación.
d) No es posible.

6. En todo caso, están obligados a relacionarse a través de medios electrónicos con las Administraciones Públicas para la realización de cualquier trámite de un procedimiento administrativo:

a) Quienes actúen a través de representante, pese a que no estén obligados a relacionarse electrónicamente con la Administración.
b) Quienes ejerzan una actividad profesional para la que se requiera colegiación, aunque lo hagan en el ámbito de su vida privada.
c) Los entes sin personalidad jurídica, sin excepción.
d) Los empleados de las Administraciones Públicas, en cualquier supuesto.

7. Los documentos que los interesados dirijan a los órganos de las Administraciones Públicas podrán presentarse:

a) En el registro electrónico de cualquier Administración u Organismo, aunque no se dirijan a estos.
b) En las Notarías y Registros de la Propiedad.
c) En las representaciones diplomáticas u oficinas consulares de cualquier Estado miembro de la Unión Europea.
d) En las oficinas de asistencia en materia de registros.

8. La comparecencia de las personas ante las oficinas públicas, ya sea presencialmente o por medios electrónicos:

a) Será siempre obligatoria.
b) Solo será obligatoria si está previsto legal o reglamentariamente.
c) Solo será obligatoria cuando así esté previsto en una norma con rango de ley.
d) Nunca será obligatoria, conforme al artículo 105 CE.

9. La Ley 39/2015, reconoce a los interesados la facultad para exigir la responsabilidad en que se pudiese incurrir en la tramitación de los asuntos, contra:

a) La Administración Pública de que dependa el personal afectado.
b) El personal al servicio de las Administraciones Públicas que los tuviesen a su cargo.
c) Los titulares de las unidades administrativas encargadas de la tramitación o despacho.
d) Ninguno de los anteriores, pues no se reconoce dicha facultad.

10. La iniciación de los plazos se produce:

a) Al día siguiente de la notificación del acto.
b) El mismo día de la notificación o publicación del acto.
c) Depende de los casos.
d) Desde el primer día hábil en que se produce la notificación.

11. Si un interesado de una Comunidad Autónoma con lengua oficial específica se dirige a un órgano de la Administración General del Estado sito en su Comunidad, ha de hacerlo en:

a) Castellano necesariamente.
b) Su lengua oficial exclusivamente.
c) Cualquiera de las dos anteriores, a su opción.
d) La que se le indique por la citada Administración.

12. Si un interesado en un procedimiento conoce datos de otros que no han comparecido en el mismo:

a) Puede dárselos a la Administración Pública actuante.
b) Está obligado a proporcionárselos a la anterior.
c) Para garantizar su intimidad, debe ocultarlos.
d) No tiene obligación alguna al respecto.

13. En las disposiciones de creación de registros electrónicos no es necesario especificar:

a) Los días declarados como inhábiles.
b) La caducidad del registro.
c) El órgano o unidad responsable de su gestión.
d) La fecha y hora oficial.

14. El proceso tecnológico que permite convertir un documento en soporte papel u otro soporte no electrónico, en un fichero electrónico que contiene la imagen codificada, fiel e íntegra del documento, se conoce en la LPACAP como:

a) Automatización.
b) Fotocopiado.

c) Autenticación.
d) Digitalización.

15. Señala la opción incorrecta. En todo caso, las disposiciones de creación de registros electrónicos especificarán:

a) El órgano o unidad responsable de su gestión.
b) La fecha y hora oficial.
c) Los días declarados como inhábiles.
d) Los medios electrónicos permitidos.

16. Señala la respuesta correcta respecto al cómputo de plazos:

a) Salvo que por Ley o en el Derecho de la Unión Europea se disponga otro cómputo, cuando los plazos se señalen por horas, se entiende que estas son naturales.
b) Siempre que por Ley o en el Derecho de la Unión Europea no se exprese otro cómputo, cuando los plazos se señalen por días, se entiende que estos son naturales, incluyéndose en el cómputo los sábados, los domingos y los declarados festivos.
c) Los plazos expresados en días se contarán desde el mismo día en que tenga lugar la notificación o publicación del acto de que se trate, o desde el siguiente a aquel en que se produzca la estimación o la desestimación por silencio administrativo.
d) Cuando un día fuese hábil en el municipio o Comunidad Autónoma en que residiese el interesado, e inhábil en la sede del órgano administrativo, o a la inversa, se considerará inhábil en todo caso.

17. Señala la respuesta incorrecta respecto al cómputo de los plazos:

a) Cuando los plazos se hayan señalado por días naturales por declararlo así una ley o por el Derecho de la Unión Europea, se hará constar esta circunstancia en las correspondientes notificaciones.
b) Cuando el último día del plazo sea inhábil, se entenderá prorrogado al primer día hábil siguiente.
c) Los plazos expresados por horas se contarán de hora en hora y de minuto en minuto desde la hora y minuto en que tenga lugar la notificación o publicación del acto de que se trate y no podrán tener una duración superior a veinticuatro horas, en cuyo caso se expresarán en días.
d) La declaración de un día como hábil o inhábil a efectos de cómputo de plazos determina por sí sola el funcionamiento de los centros de trabajo de las Administraciones Públicas, la organización del tiempo de trabajo así como el régimen de jornada y horarios de las mismas.

18. El registro electrónico permite la presentación de documentos:

a) De lunes a viernes de 8 a 15 horas.
b) De lunes a viernes de 8 a 21 horas.
c) Todos los días del año de 8 a 21 horas.
d) Todos los días del año durante las veinticuatro horas.

19. ¿En qué caso podrá ser objeto de ampliación un plazo ya vencido?

a) En los procedimientos tramitados por las misiones diplomáticas y oficinas consulares.
b) En aquellos que, sustanciándose en el interior, exijan cumplimentar algún trámite en el extranjero o en los que intervengan interesados residentes fuera de España.
c) Siempre que así lo considere oportuno, y lo fundamente, el Instructor del procedimiento.
d) En ningún caso.

20. Cuando razones de interés público lo aconsejen, se podrá acordar, de oficio o a petición del interesado, la aplicación al procedimiento de la tramitación de urgencia, por la cual se reducirán a la mitad los plazos establecidos para el procedimiento ordinario, salvo:

a) Los relativos a la presentación de solicitudes.
b) Los relativos a la presentación de recursos.
c) Las respuestas a) y b) son correctas.
d) Ninguna respuesta es correcta.

21. ¿Qué recurso cabe contra el acuerdo que declare la aplicación de la tramitación de urgencia al procedimiento?

a) Recurso de alzada.
b) Recurso extraordinario de revisión.
c) Recurso de reposición, en el plazo de un mes.
d) Ningún recurso.

22. La LPACAP trata de los términos y plazos en sus artículos:

a) 28 a 30.
b) 29 a 33.
c) 28 a 34.
d) 29 a 35.

23. Cuando se conceda, a instancias de un particular, una ampliación de los plazos, esta no debe exceder de:

a) Diez días.
b) La mitad del plazo.
c) Un tiempo igual al del plazo de que se trate.
d) Tres meses en cualquier caso.

Solución al test n.º 4

1. c) Todas las entidades que integran el sector público, incluidas aquellas que se rigen por el Derecho Privado cuando ejerzan potestades administrativas.

2. a) Los que tengan derechos que puedan resultar afectados por la decisión que en el mismo se adopte, aunque no hayan iniciado el procedimiento.

3. d) Podrá realizarse mediante apoderamiento apud acta efectuado por comparecencia electrónica en la correspondiente sede electrónica.

4. b) Cinco años a contar desde la fecha de inscripción.

5. c) Expedidos por prestadores incluidos en la Lista de confianza de prestadores de servicios de certificación.

6. c) Los entes sin personalidad jurídica, sin excepción.

7. d) En las oficinas de asistencia en materia de registros.

8. c) Solo será obligatoria cuando así esté previsto en una norma con rango de ley.

9. a) La Administración Pública de que dependa el personal afectado.

10. a) Al día siguiente de la notificación del acto.

11. c) Cualquiera de las dos anteriores, a su opción.

12. b) Está obligado a proporcionárselos a la anterior.

13. b) La caducidad del registro.

14. d) Digitalización.

15. d) Los medios electrónicos permitidos.

16. d) Cuando un día fuese hábil en el municipio o Comunidad Autónoma en que residiese el interesado, e inhábil en la sede del órgano administrativo, o a la inversa, se considerará inhábil en todo caso.

17. d) La declaración de un día como hábil o inhábil a efectos de cómputo de plazos determina por sí sola el funcionamiento de los centros de trabajo de las Administraciones Públicas, la organización del tiempo de trabajo así como el régimen de jornada y horarios de las mismas.

18. d) Todos los días del año durante las veinticuatro horas.

19. d) En ningún caso.

20. c) Las respuestas a) y b) son correctas.

21. d) Ningún recurso.

22. b) 29 a 33.

23. b) La mitad del plazo.

TEST N.º 5

La Ley 39/2015, de 1 de octubre, del Procedimiento Administrativo Común de las Administraciones públicas (II). Título III: De los actos administrativos. Título IV: De las disposiciones sobre el procedimiento administrativo común

1. Para que un acto tenga eficacia retroactiva es necesario que:

a) Limite derechos de los particulares.
b) Restrinja el ejercicio de facultades de los particulares.
c) Imponga deberes u obligaciones.
d) No se lesionen derechos de otras personas.

2. Cuando la notificación se practique en el domicilio del interesado, de no hallarse presente, podrá hacerse cargo de la misma cualquier persona que se encuentre en el domicilio, haga constar su identidad y sea:

a) Mayor de catorce años.
b) Mayor de dieciséis años.
c) Mayor de dieciocho años.
d) Mayor de veintiún años.

3. Cuando la notificación por medios electrónicos sea de carácter obligatorio, se entenderá rechazada cuando:

a) Hayan transcurrido veinte días naturales desde la puesta a disposición de la notificación sin que se acceda a su contenido.
b) Hayan transcurrido diez días naturales desde la puesta a disposición de la notificación sin que se acceda a su contenido.
c) Hayan transcurrido diez días hábiles desde la puesta a disposición de la notificación sin que se acceda a su contenido.
d) Hayan transcurrido veinte días hábiles desde la puesta a disposición de la notificación sin que se acceda a su contenido.

4. Señala la respuesta incorrecta. Los actos administrativos serán objeto de publicación:

a) Cuando así lo establezcan las normas reguladoras de cada procedimiento.
b) Cuando lo aconsejen razones de interés público apreciadas por el órgano competente.
c) Cuando el acto tenga por destinatario a una pluralidad indeterminada de personas.
d) Siempre.

5. Serán motivados, con sucinta referencia de hechos y fundamentos de Derecho:

a) Los actos que se separen del criterio seguido en actuaciones precedentes o del dictamen de órganos consultivos.
b) Los actos que limiten derechos subjetivos o intereses legítimos.
c) Los actos que resuelvan procedimientos de revisión de oficio de disposiciones o actos administrativos, recursos administrativos y procedimientos de arbitraje y los que declaren su inadmisión.
d) Todas las respuestas son correctas.

6. La regla general cuando un acto infringe el ordenamiento jurídico es:

a) Su anulabilidad.
b) Su validez temporal.
c) Su nulidad relativa.
d) Las respuestas a) y c) son correctas.

7. Los efectos de una declaración de nulidad absoluta se producen desde:

a) Que se notifica el acto anulatorio.
b) El momento de la declaración de la nulidad.
c) La notificación o publicación del acto anulatorio, según los casos.
d) Que se dictó el acto anulado.

8. ¿Cuándo podrá la Administración Pública convalidar un acto administrativo?

a) Cuando el vicio consiste en incompetencia jerárquica.
b) Cuando el vicio consiste en incompetencia funcional.
c) Cuando el vicio consiste en incompetencia territorial.
d) En ninguno de los anteriores casos.

9. La presunción de legitimidad de los actos administrativos:

a) No admite prueba en contrario.
b) Dependerá de lo que el propio acto establezca.
c) Puede ser objeto de impugnación por el particular.
d) Solo se da cuando la ley expresamente lo diga.

10. Los supuestos de nulidad absoluta de actos administrativos:

a) Son la regla general en nuestro Derecho.
b) Son los recogidos en el artículo 47 de la Ley 39/2015, de 1 de octubre, del Procedimiento Administrativo Común de las Administraciones Públicas, exclusivamente.
c) Pueden establecerse expresamente por una disposición con rango de ley.
d) Son solo los del artículo 47 citado y de otras leyes formales.

11. Los defectos formales en un acto, según reconoce expresamente la ley:

a) Lo vician con nulidad absoluta.
b) Lo vician con anulabilidad en todo caso.
c) Pueden dar lugar a la nulidad absoluta si producen indefensión.
d) Pueden dar lugar a la anulabilidad si producen indefensión.

12. La Administración Pública podrá convalidar un acto:

a) Si el vicio consiste en incompetencia jerárquica.
b) Si el vicio consiste en incompetencia funcional.
c) Si el vicio consiste en incompetencia territorial.
d) En ninguno de los anteriores casos.

13. La Administración Pública no podrá convalidar un acto si el vicio consiste en:

a) Incompetencia jerárquica.
b) La falta de una autorización.
c) Incompetencia funcional.
d) La omisión de un informe facultativo.

14. Cuando el acto administrativo presenta un vicio que no le hace incurrir en nulidad absoluta ni en anulabilidad, se considera:

a) Irregular.
b) Defectuoso.
c) Inválido.
d) Viciado.

15. La conversión se aplica a los actos:

a) Nulos.
b) Nulos de pleno derecho.
c) Anulables.
d) No cabe la conversión de actos administrativos.

16. A tenor del artículo 103 de la CE, la Administración Pública sirve con objetividad los intereses generales y actúa de acuerdo con los principios de:

a) Eficacia, igualdad, seguridad y transparencia jurídica.
b) Eficacia, jerarquía, descentralización, desconcentración y coordinación.

c) Eficacia, eficiencia, economía en el gasto y publicidad.

d) Eficiencia, transparencia, legalidad y jerarquía normativa.

17. ¿Cómo se denominan los procedimientos que tienden a la realización material de una decisión anterior ya definitiva, como, por ejemplo, el procedimiento de apremio?

a) Procedimientos ejecutivos.

b) Procedimientos declarativos.

c) Procedimientos de simple gestión.

d) Procedimientos de materialización o sustanciación.

18. ¿Cuándo podrán los administrados conocer el estado de la tramitación de los procedimientos en los que tengan la condición de interesados?

a) Solo en la fase de instrucción.

b) Únicamente en la fase de alegaciones.

c) Tan solo en la fase de prueba.

d) En cualquier momento.

19. Señala qué recurso cabe contra el acuerdo de acumulación de procedimientos administrativos:

a) Recurso de alzada.

b) Recurso extraordinario de revisión.

c) Recurso de reposición, en el plazo de un mes.

d) Ningún recurso.

20. ¿Cuándo se iniciarán de oficio los procedimientos?

a) Por denuncia.

b) Por acuerdo del órgano competente.

c) Por propia iniciativa.

d) Todas las respuestas son correctas.

21. Señala la respuesta incorrecta respecto al inicio del procedimiento por denuncia:

a) Las denuncias deberán expresar la identidad de la persona o personas que las presentan y el relato de los hechos que se ponen en conocimiento de la Administración.

b) La presentación de una denuncia confiere, por sí sola, la condición de interesado en el procedimiento.

c) Cuando la denuncia invocara un perjuicio en el patrimonio de las Administraciones Públicas la no iniciación del procedimiento deberá ser motivada y se notificará a los denunciantes la decisión de si se ha iniciado o no el procedimiento.

d) Se entiende por denuncia el acto por el que cualquier persona, en cumplimiento o no de una obligación legal, pone en conocimiento de un órgano administrativo la existencia de un determinado hecho que pudiera justificar la iniciación de oficio de un procedimiento administrativo.

22. ¿En qué caso se podrá imponer una sanción sin que se haya tramitado el oportuno procedimiento?

a) En casos de urgente necesidad.

b) En situaciones excepcionales, como por ejemplo, situaciones de crisis sanitarias o epidemias.

c) Las respuestas a) y b) son correctas.

d) En ningún caso.

23. ¿Cuál de los siguientes datos no es necesario que figure en las solicitudes de iniciación del procedimiento por parte de los interesados?

a) Número de teléfono.

b) Hechos, razones y petición en que se concrete, con toda claridad, la solicitud.

c) Órgano, centro o unidad administrativa a la que se dirige y su correspondiente código de identificación.

d) Firma del solicitante o acreditación de la autenticidad de su voluntad expresada por cualquier medio.

24. Los documentos que los interesados dirijan a los órganos de las Administraciones Públicas podrán presentarse:

a) En las oficinas de Correos, en la forma que reglamentariamente se establezca.

b) En el registro electrónico de la Administración u Organismo al que se dirijan.

c) En las representaciones diplomáticas u oficinas consulares de España en el extranjero.

d) Todas las respuestas son correctas.

25. Los interesados solo podrán solicitar el inicio de un procedimiento de respon-sabilidad patrimonial, cuando no haya prescrito su derecho a reclamar. El derecho a reclamar prescribirá:

a) Al año de producido el hecho o el acto que motive la indemnización o se manifieste su efecto lesivo.

b) A los dos años de producido el hecho o el acto que motive la indemnización o se manifieste su efecto lesivo.

c) A los cinco años de producido el hecho o el acto que motive la indemnización o se manifieste su efecto lesivo.

d) Este derecho no prescribe.

26. ¿De acuerdo con qué principio se acordarán en un solo acto todos los trámites que, por su naturaleza, admitan un impulso simultáneo y no sea obligado su cumpli-miento sucesivo?

a) Con el principio de oficialidad.

b) Con el principio de eficacia.

c) Con el principio de simplificación administrativa.
d) Con el principio de rapidez administrativa.

27. Salvo en el caso de que en la norma correspondiente se fije plazo distinto, los trámites que deban ser cumplimentados por los interesados deberán realizarse en el plazo de:

a) Siete días a partir del siguiente al de la notificación del correspondiente acto.
b) Diez días a partir del siguiente al de la notificación del correspondiente acto.
c) Quince días a partir del siguiente al de la notificación del correspondiente acto.
d) Un mes a partir del siguiente al de la notificación del correspondiente acto.

28. En cualquier momento del procedimiento, cuando la Administración considere que alguno de los actos de los interesados no reúne los requisitos necesarios, lo pondrá en conocimiento de su autor, concediéndole un plazo para cumplimentarlo:

a) De cinco días.
b) De siete días.
c) De diez días.
d) De veinte días.

29. Cuando la Administración no tenga por ciertos los hechos alegados por los interesados o la naturaleza del procedimiento lo exija, el instructor del mismo acordará la apertura de un período de prueba, a fin de que puedan practicarse cuantas juzgue pertinentes, por un plazo:

a) No superior a treinta días ni inferior a diez.
b) No superior a treinta días ni inferior a quince.
c) No superior a veinte días ni inferior a diez.
d) No superior a veinte días ni inferior a cinco.

30. Salvo disposición expresa en contrario, los informes serán:

a) Vinculantes.
b) Vinculantes y facultativos.
c) Facultativos y no vinculantes.
d) Nunca facultativos.

31. En el caso de los procedimientos de responsabilidad patrimonial será preceptivo solicitar informe al servicio cuyo funcionamiento haya ocasionado la presunta lesión indemnizable, no pudiendo exceder el plazo de su emisión de:

a) Diez días.
b) Quince días.

c) Veinte días.
d) Un mes.

32. ¿Cómo se denomina el conjunto ordenado de documentos y actuaciones que sirven de antecedente y fundamento a la resolución administrativa, así como las diligencias encaminadas a ejecutarla?

a) Dosier administrativo.
b) Acto administrativo.
c) Expediente administrativo.
d) Procedimiento administrativo.

33. Con arreglo al artículo 74 LPACAP, las cuestiones incidentales que se susciten en el procedimiento, incluso las que se refieran a la nulidad de actuaciones:

a) Suspenderán la tramitación del procedimiento.
b) No suspenderán la tramitación del procedimiento, salvo la recusación.
c) No suspenderán la tramitación del procedimiento en ningún caso.
d) Siempre que lo estime oportuno el instructor del procedimiento, y así lo motive suficientemente, suspenderá la tramitación del procedimiento.

34. ¿Cuándo podrán los interesados aducir alegaciones y aportar documentos u otros elementos de juicio?

a) En cualquier momento.
b) En cualquier momento del procedimiento posterior al trámite de audiencia.
c) En cualquier momento del procedimiento anterior al trámite de audiencia.
d) Únicamente cuando lo autorice el instructor del procedimiento.

35. Señala la respuesta incorrecta respecto a los medios y período de prueba:

a) El instructor del procedimiento solo podrá rechazar las pruebas propuestas por los interesados cuando sean manifiestamente improcedentes o innecesarias, sin necesidad de resolución motivada.
b) En los procedimientos de carácter sancionador, los hechos declarados probados por resoluciones judiciales penales firmes vincularán a las Administraciones Públicas respecto de los procedimientos sancionadores que substancien.
c) Cuando la prueba consista en la emisión de un informe de un órgano administrativo, organismo público o Entidad de derecho público, se entenderá que este tiene carácter preceptivo.
d) Cuando la valoración de las pruebas practicadas pueda constituir el fundamento básico de la decisión que se adopte en el procedimiento, por ser pieza imprescindible para la correcta evaluación de los hechos, deberá incluirse en la propuesta de resolución.

36. Cuando lo considere necesario, el instructor, a petición de los interesados, podrá decidir la apertura de un período extraordinario de prueba por un plazo:

a) No superior a diez días.
b) No superior a quince días.
c) No superior a veinte días.
d) No superior a un mes.

37. Salvo que una disposición o el cumplimiento del resto de los plazos del procedimiento permita o exija otro plazo mayor o menor, los informes serán emitidos en el plazo de:

a) Diez días.
b) Quince días.
c) Veinte días.
d) Un mes.

38. ¿De qué plazo disponen los interesados para alegar y presentar los documentos y justificaciones que estimen pertinentes?

a) De un plazo no inferior a cinco días ni superior a diez.
b) De un plazo no inferior a diez días ni superior a quince.
c) De un plazo no inferior a diez días ni superior a veinte.
d) De un plazo no inferior a diez días ni superior a un mes.

39. ¿Cuál es la forma normal de terminación del procedimiento?

a) La terminación convencional.
b) El silencio administrativo.
c) La resolución.
d) La renuncia al derecho en que se funde la solicitud.

40. La terminación convencional es una forma de terminación del procedimiento:

a) Normal.
b) Anormal.
c) Especial.
d) Presunta.

41. Señala cuál de las siguientes es una forma de terminación anormal del procedimiento:

a) La renuncia al derecho en que se funde la solicitud.
b) La declaración de caducidad.
c) El desistimiento.
d) Todas las respuestas son correctas.

42. ¿En qué plazo deberán practicarse las actuaciones complementarias?

a) En un plazo no superior a siete días.
b) En un plazo no superior a diez días.
c) En un plazo no superior a quince días.
d) En un plazo no superior a un mes.

43. ¿Transcurrido qué plazo desde que se inició el procedimiento sin que haya recaído y se notifique resolución expresa o, en su caso, se haya formalizado el acuerdo, podrá entenderse que la resolución es contraria a la indemnización del particular?

a) Transcurrido un mes.
b) Transcurridos tres meses.
c) Transcurridos seis meses.
d) Transcurrido un año.

44. A tenor del artículo 92 LPACAP, en el ámbito de la Administración General del Estado, los procedimientos de responsabilidad patrimonial se resolverán por:

a) El Ministro respectivo.
b) El Presidente del Gobierno.
c) El Consejo de Ministros.
d) Las respuestas a) y c) son correctas.

45. Señala la respuesta incorrecta respecto al desistimiento y renuncia por los interesados:

a) Si el escrito de iniciación se hubiera formulado por dos o más interesados, el desistimiento o la renuncia afectará a todos los que la hubiesen formulado.
b) Todo interesado podrá desistir de su solicitud o, cuando ello no esté prohibido por el ordenamiento jurídico, renunciar a sus derechos.
c) Si la cuestión suscitada por la incoación del procedimiento entrañase interés general o fuera conveniente sustanciarla para su definición y esclarecimiento, la Administración podrá limitar los efectos del desistimiento o la renuncia al interesado y seguirá el procedimiento.
d) Tanto el desistimiento como la renuncia podrán hacerse por cualquier medio que permita su constancia, siempre que incorpore las firmas que correspondan de acuerdo con lo previsto en la normativa aplicable.

Solución al test n.º 5

1. d) No se lesionen derechos de otras personas.

2. a) Mayor de catorce años.

3. b) Hayan transcurrido diez días naturales desde la puesta a disposición de la notificación sin que se acceda a su contenido.

4. d) Siempre.

5. d) Todas las respuestas son correctas.

6. d) Las respuestas a) y c) son correctas.

7. d) Que se dictó el acto anulado.

8. a) Cuando el vicio consiste en incompetencia jerárquica.

9. c) Puede ser objeto de impugnación por el particular.

10. c) Pueden establecerse expresamente por una disposición con rango de ley.

11. d) Pueden dar lugar a la anulabilidad si producen indefensión.

12. a) Si el vicio consiste en incompetencia jerárquica.

13. c) Incompetencia funcional.

14. a) Irregular.

15. c) Anulables.

16. b) Eficacia, jerarquía, descentralización, desconcentración y coordinación.

17. a) Procedimientos ejecutivos.

18. d) En cualquier momento.

19. d) Ninguno de los recursos anteriores.

20. d) Todas las respuestas son correctas.

21. b) La presentación de una denuncia confiere, por sí sola, la condición de interesado en el procedimiento.

22. d) En ningún caso.

23. a) Número de teléfono.

24. d) Todas las respuestas son correctas.

25. a) Al año de producido el hecho o el acto que motive la indemnización o se manifieste su efecto lesivo.

26. c) Con el principio de simplificación administrativa.

27. b) Diez días a partir del siguiente al de la notificación del correspondiente acto.

28. c) De diez días.

29. a) No superior a treinta días ni inferior a diez.

30. c) Facultativos y no vinculantes.

31. a) Diez días.

32. c) Expediente administrativo.

33. b) No suspenderán la tramitación del procedimiento, salvo la recusación.

34. c) En cualquier momento del procedimiento anterior al trámite de audiencia.

35. a) El instructor del procedimiento solo podrá rechazar las pruebas propuestas por los interesados cuando sean manifiestamente improcedentes o innecesarias, sin necesidad de resolución motivada.

36. a) No superior a diez días.

37. a) Diez días.

38. b) De un plazo no inferior a diez días ni superior a quince.

39. c) La resolución.

40. c) Especial.

41. d) Todas las respuestas son correctas.

42. c) En un plazo no superior a quince días.

43. c) Transcurridos seis meses.

44. d) Las respuestas a) y c) son correctas.

45. a) Si el escrito de iniciación se hubiera formulado por dos o más interesados, el desistimiento o la renuncia afectará a todos los que la hubiesen formulado.

La Ley 39/2015, de 1 de octubre, del Procedimiento Administrativo Común de las Administraciones públicas (III). Título V: De la revisión de los actos en vía administrativa

1. El recurso de alzada contra actos que no agotan la vía administrativa es:

a) Extraordinario.
b) La regla general.
c) Especial.
d) Inexistente.

2. La *reformatio in peius*, en materia de recursos:

a) Se admite como regla general.
b) Solo se permite en materia sancionadora.
c) Se admite cuando el recurso está claramente infundado.
d) Está expresamente prohibida.

3. Cuando hayan de tenerse en cuenta nuevos hechos o documentos no recogidos en el expediente originario, se pondrán de manifiesto a los interesados para que formulen las alegaciones que estimen procedentes, en un plazo:

a) No inferior a diez días ni superior a quince.
b) De veinte días.
c) No inferior a cinco días ni superior a veinte.
d) De treinta días.

4. La resolución de un recurso:

a) Debe circunscribirse a lo solicitado por el recurrente.
b) Resolverá cuantas cuestiones se deduzcan del expediente.
c) No es necesario que se motive.
d) Debe aceptar las razones en que se fundamente el propio recurso.

5. Si el acto fuera expreso, el plazo para la interposición del recurso de reposición será de:

a) Tres meses.
b) Diez días.
c) Quince días.
d) Un mes.

6. El recurso de alzada contra actos que no agotan la vía administrativa es:

a) Extraordinario.
b) La regla general.
c) Especial.
d) Inexistente.

7. El recurso de reposición contra actos que no agotan la vía administrativa es:

a) Ordinario.
b) Extraordinario.
c) Especial.
d) Inexistente.

8. La resolución presunta del recurso de alzada se dará, si no recae resolución, al/a los:

a) Quince días de interponerlo.
b) Mes de su interposición.
c) Tres meses de su interposición.
d) En cualquier momento a partir del día siguiente a aquel en que, de acuerdo con su normativa específica, se produzcan los efectos del silencio administrativo.

9. El silencio administrativo en el recurso de alzada puede ser positivo en el siguiente caso:

a) Cuando el recurso se presentó contra un acto presunto desestimatorio de la solicitud del ciudadano.
b) Cuando perjudique al ciudadano.
c) Siempre que beneficie al interés público.
d) En ningún supuesto es positivo.

10. Para plantear un recurso administrativo:

a) Hay que tener capacidad jurídica, sin requerirse la capacidad de obrar.
b) Basta con la capacidad de obrar.
c) Se requiere, siempre, ser titular de un derecho subjetivo afectado por el acto que se recurre.
d) Puede hacerlo quien ostente la condición de interesado.

11. Cuando una persona interpone un recurso de alzada denominándolo como recurso de revisión:

a) Deberá desestimarse el recurso por improcedente.
b) Deberá notificársele el error para que lo subsane.
c) No se admitirá el recurso.
d) Deberá resolverse, si del propio recurso se deduce su carácter.

12. Como consecuencia del principio de congruencia, al resolver un recurso, la Administración Pública:

a) Podrá agravar la situación inicial del recurrente.
b) Deberá ajustarse a las peticiones del recurrente.
c) Lo desestimará, manteniendo el acto administrativo.
d) Solo decidirá sobre las cuestiones planteadas por el recurrente sin entrar en otras que deriven del procedimiento.

13. Entre los límites de la revisión de los actos administrativos se encuentra:

a) La prescripción de la acción.
b) Su ilegalidad manifiesta.
c) Que atente a derechos subjetivos.
d) Que incurra en nulidad de pleno derecho.

14. El recurso de revisión es:

a) Unitario.
b) Ordinario.
c) Especial.
d) Extraordinario.

15. Contra los actos dictados por un Tribunal de Oposiciones:

a) No cabe recurso alguno.
b) Puede presentarse recurso de alzada ante su Presidente.
c) El recurso de alzada debe entablarse ante la autoridad que nombró al Presidente.
d) Solo es posible el recurso de revisión.

16. No es motivo bastante para interponer un recurso de revisión que:

a) Se haya incurrido en manifiesto error de hecho al dictar el acto.
b) Hubiere mediado cohecho en la resolución.
c) Se haya dictado por órgano manifiestamente incompetente.
d) Hayan influido documentos declarados falsos por sentencia judicial firme.

17. Para que pueda entablarse un recurso extraordinario de revisión por error de hecho, este:

a) Ha de ser declarado por sentencia judicial firme.
b) Ha de haberse adoptado por cohecho.
c) Ha de derivar de documentos habidos en el expediente.
d) Nada de lo anterior es cierto.

18. La revocación por la Administración Pública de un acto administrativo de gravamen o no declarativo de derechos:

a) Ha de efectuarse a instancia de los particulares.
b) Está prohibida.
c) Se podrá revocar mientras que no haya transcurrido el plazo de prescripción, siempre que no constituya dispensa o exención no permitida por las leyes, o sea contraria al principio de igualdad, al interés público o al ordenamiento jurídico.
d) Requiere previo dictamen del Consejo de Estado.

19. En la Administración Local (en concreto, en un Ayuntamiento), la declaración de lesividad de un acto se efectúa a través del/de la:

a) Presidente de la Corporación Local.
b) Junta de Gobierno Local.
c) Pleno.
d) Cualquiera de los anteriores.

20. Un acto anulable, ¿puede ser revisado de oficio por la Administración Pública, una vez transcurridos cuatro años desde que se dictó?

a) Sí, cuando así lo dictamine el Consejo de Estado.
b) No.
c) Sí, cuando incurra en nulidad de pleno derecho y así lo dictamine el Consejo de Estado.
d) Sí, cuando la ilegalidad sea manifiesta y así lo dictamine el Consejo de Estado.

Solución al test n.º 6

1. b) La regla general.

2. d) Está expresamente prohibida.

3. a) No inferior a diez días ni superior a quince.

4. b) Resolverá cuantas cuestiones se deduzcan del expediente.

5. d) Un mes.

6. b) La regla general.

7. d) Inexistente.

8. c) Tres meses de su interposición.

9. a) Cuando el recurso se presentó contra un acto presunto desestimatorio de la solicitud del ciudadano.

10. d) Puede hacerlo quien ostente la condición de interesado.

11. d) Deberá resolverse, si del propio recurso se deduce su carácter.

12. b) Deberá ajustarse a las peticiones del recurrente.

13. a) La prescripción de la acción.

14. d) Extraordinario.

15. c) El recurso de alzada debe presentarse ante la autoridad que nombró al Presidente.

16. c) Se haya dictado por órgano manifiestamente incompetente.

17. c) Ha de derivar de documentos habidos en el expediente.

18. c) Se podrá revocar mientras que no haya transcurrido el plazo de prescripción, siempre que no constituya dispensa o exención no permitida por las leyes, o sea contraria al principio de igualdad, al interés público o al ordenamiento jurídico.

19. c) Pleno.

20. b) No.

TEST N.º 7

Reglamento de ejecución presupuestaria de la Universitat de València para el año 2024. La gestión económica de la Universitat de València. Autorización del gasto y autorización del pago. Gestión del gasto: fases del procedimiento

1. ¿Cuál es la normativa principal que regula la gestión económica y financiera de la Universitat de València para el año 2024?

a) Ley Orgánica 2/2012.
b) Ley de Presupuestos de la Generalitat Valenciana.
c) Reglamento de Ejecución Presupuestaria de la Universitat de València.
d) Estatutos de la Universitat de València.

2. ¿Qué artículo de la LOSU otorga a la Universitat de València la autonomía para la elaboración, aprobación y gestión de su presupuesto anual?

a) Artículo 27.
b) Artículo 54.
c) Artículo 13.
d) Artículo 7.

3. ¿Qué capítulo del Título III del Reglamento se dedica a los gastos de personal?

a) Capítulo II.
b) Capítulo III.
c) Capítulo IV.
d) Capítulo I.

4. ¿Cuál es el importe total consignado en el estado de gastos del Presupuesto de la Universitat de València para 2024?

a) 500.000.000 €.
b) 480.236.279 €.
c) 450.123.567 €.
d) 470.000.000 €.

5. Según el artículo 3 del Reglamento, ¿qué documento orienta la política general universitaria y presupuestaria para el ejercicio 2024?

a) Los Estatutos de la Universitat de València.
b) La Ley Orgánica 2/2012.
c) El Plan Estratégico 2023-2026 de la Universitat de València (PEUV).
d) La Ley de Presupuestos de la Generalitat Valenciana.

6. ¿Qué se debe hacer en caso de pagos que hay que justificar cuando los documentos justificativos no puedan aportarse antes de formular la propuesta de pago?

a) Expedir órdenes de pago que hay que justificar, cuyo expediente se tramita en el Servicio de Contabilidad y Presupuesto.
b) Tramitar expedientes en la Oficina de Control Interno.
c) Devolver los fondos recibidos.
d) Esperar hasta tener la documentación.

7. ¿Cuánto tiempo tiene la persona perceptora de pagos para justificar la aplicación de las cantidades recibidas tras la finalización de la actividad?

a) Seis meses.
b) Tres meses.
c) Dos meses..
d) Cuatro meses

8. ¿Cuántas personas, como máximo, pueden tener acceso a las cuentas de caja fija en la Universitat de València?

a) Tres.
b) Cinco.
c) Cuatro.
d) Dos.

9. Por regla general, ¿qué tipo de pagos no se tramitarán por el sistema de caja fija?

a) Pagos de personal.
b) Pagos de servicios.
c) Pagos al extranjero.
d) Pagos de suministros.

10. Según el artículo 24, ¿qué normativa específica establece las retribuciones del profesorado funcionario universitario?

a) Ley Orgánica 2/2012.
b) Real Decreto 1086/1989.

c) Decreto 83/2023.
d) Estatutos de la Universitat de València.

11. ¿Qué artículo regula las subvenciones concedidas por la Universitat de València?

a) Artículo 37.
b) Artículo 25.
c) Artículo 15.
d) Artículo 45.

12. ¿Qué documento debe firmar la persona responsable del contrato para la recepción de suministros de importe inferior a 15.000 € (IVA excluido), como constancia de la conformidad en cuanto a calidad, cantidad y precios de los bienes recibidos?

a) Acta de recepción.
b) Factura.
c) Orden de pago.
d) Contrato de suministro.

13. Si un remanente de crédito no afectado de carácter específico se mantiene sin ser utilizado más de un ejercicio:

a) Devolver el remanente.
b) La Gerencia, con el informe previo del Consejo de Gobierno, puede proponer al Consejo Social que sea aplicado a otra finalidad.
c) Incorporarlo al presupuesto del año siguiente.
d) Transferirlo a otra unidad de gestión.

14. ¿Qué artículo del Reglamento se refiere a los principios generales en la modificación de créditos?

a) Artículo 8.
b) Artículo 9.
c) Artículo 10.
d) Artículo 11.

15. ¿Quién tiene la competencia para autorizar la incorporación de remanentes específicos de créditos en el presupuesto en los mismos conceptos o unidades de gestión?

a) El Consejo de Gobierno.
b) El Rectorado.
c) La persona titular de la Gerencia.
d) El Consejo Social.

Solución al test n.º 7

1. c) Reglamento de Ejecución Presupuestaria de la Universitat de València.

2. b) Artículo 54.

3. d) Capítulo I.

4. b) 480.236.279 €.

5. c) El Plan Estratégico 2023-2026 de la Universitat de València (PEUV).

6. a) Expedir órdenes de pago que hay que justificar, cuyo expediente se tramita en el Servicio de Contabilidad y Presupuesto.

7. b) Tres meses.

8. c) Cuatro.

9. c) Pagos al extranjero.

10. b) Real Decreto 1086/1989.

11. a) Artículo 37.

12. b) Factura.

13. b) La Gerencia, con el informe previo del Consejo de Gobierno, puede proponer al Consejo Social que sea aplicado a otra finalidad.

14. b) Artículo 9.

15. c) La persona titular de la Gerencia.

TEST N.º 8

La Ley 4/2021, de 16 de abril, de la Generalitat, de la función pública valenciana (I). Título I: Objeto, principios y ámbito de aplicación de la ley. Título III: Personal al servicio de las administraciones públicas. Título IV: Estructura y ordenación de la ocupación pública

1. Si se han determinado otras vías distintas a las enumeradas en la Ley 4/2021 para el acceso del personal interino, las convocatorias específicas:

a) Deberán exigir la superación de alguna prueba de conocimiento.

b) Al menos deberán exigir la superación de una prueba práctica.

c) Podrán exigir o no la superación de alguna prueba de conocimiento.

d) Solo para determinadas funciones y tareas deberán exigir la superación de alguna prueba de conocimiento.

2. En cuanto a la selección del personal laboral de la Administración de la Generalitat, los sistemas de provisión se harán de acuerdo con los principios previstos:

a) En el convenio colectivo correspondiente, tanto para el personal fijo como para el laboral.

b) En la Ley 4/2021, tanto para el personal fijo como para el temporal.

c) En la Ley 4/2021 únicamente para el personal temporal, y el convenio colectivo correspondiente para el fijo.

d) En la Ley 4/2021 únicamente para el personal fijo, y el convenio colectivo correspondiente para el temporal.

3. La Ley 4/2021 dispone que el personal eventual:

a) No puede realizar funciones correspondientes al personal funcionario, pero sí las encomendadas al personal laboral.

b) Puede realizar funciones correspondientes al personal funcionario o al personal laboral si están expresamente autorizados para su nombramiento.

c) Puede realizar actividades correspondientes al personal funcionario de estar vinculado directamente al asesoramiento que tienen atribuido.

d) No puede realizar funciones correspondientes al personal funcionario o al personal laboral.

4. El objeto de la Agrupación de puestos de trabajo, prevista en la Ley 4/2021 es:

a) La ponderación de los gastos y funciones.
b) Racionalizar la gestión de los recursos humanos.
c) La coordinación con las demás Administraciones Públicas del Estado.
d) La sostenibilidad financiera de la Administración Pública Valenciana.

5. En la Administración de la Generalitat, los puestos de trabajo que satisfagan necesidades de carácter periódico y discontinuo:

a) Serán de naturaleza laboral o, en su defecto, eventuales.
b) Serán subsidiariamente de naturaleza laboral.
c) Serán de naturaleza laboral o eventuales.
d) Serán de naturaleza laboral.

6. La conselleria competente en materia de función pública aprobará el plan estratégico de recursos humanos:

a) Quinquenalmente.
b) Con la periodicidad que la misma haya dispuesto.
c) Cuatrienalmente.
d) Bianualmente.

7. Los puestos de trabajo vacantes desempeñados por personal funcionario interino que no sean amortizados y contemplados en la ley de presupuestos correspondiente, tal como dispone la Ley 4/2021:

a) Deberán incluirse en la oferta de empleo correspondiente al ejercicio en que se produce su nombramiento, y de no ser posible, en la siguiente.
b) Deberán incluirse en la oferta de empleo correspondiente al ejercicio en que se produce su nombramiento.
c) Salvo que en el nombramiento previo del personal interino se haya determinado así, no es necesario que sean incluidas en la oferta de empleo correspondiente al ejercicio en que se produce el nombramiento.
d) En cualquier caso podrán incluirse en la oferta de empleo correspondiente al ejercicio en que se produce su nombramiento o, indistintamente, en la siguiente.

8. Respecto al personal laboral, la Ley 4/2021 dispone que la selección del personal laboral fijo y temporal se hará de acuerdo con los sistemas previstos en dicha ley, respetando en todo caso los principios constitucionales de:

a) Igualdad, mérito y capacidad.
b) Publicidad, libre concurrencia y transparencia.
c) Discrecionalidad, mérito e idoneidad.
d) Las respuestas a) y b) son correctas.

9. La relación de servicios del personal directivo público profesional de la Administración de la Generalitat se formalizará mediante:

a) Su nombramiento.

b) Contrato laboral de la modalidad que se haya determinado en la relación de puestos de trabajo.

c) Contrato laboral.

d) Contrato administrativo.

10. Al personal de administración y servicios de las Universidades públicas de la Comunitat Valenciana, la Ley 4/2021:

a) Se les aplicará salvo en aquello en que la citada ley se remita expresamente a la legislación orgánica de Universidades y sus disposiciones de desarrollo.

b) Se les aplicará en todo lo que no esté expresamente regulado por la legislación orgánica de Universidades y sus disposiciones de desarrollo.

c) No le es de aplicación.

d) Se les aplicará únicamente respecto a aquello a lo que se remita expresamente la legislación orgánica de Universidades y sus disposiciones de desarrollo.

11. La Ley 4/2021:

a) Se aplica al personal laboral público en todo lo que no se disponga expresamente.

b) No se aplica al personal eventual.

c) Se aplica al personal eventual pero con las limitaciones y términos previstos en la propia ley.

d) Se aplica al personal laboral público en todo lo que se disponga así expresamente, pero no al personal eventual.

12. Para el personal al servicio de Les Corts Valencianes, la Ley 4/2021:

a) Tendrá, en todo caso, carácter supletorio.

b) No le será de aplicación salvo que su legislación específica se remita a dicha ley.

c) Es de aplicación directa.

d) No le será de aplicación.

13. La Ley 4/2021 dispone, respecto a los funcionarios interinos:

a) Que dicha relación puede establecerse por tiempo parcial.

b) Que como regla general dicha relación se establecerá a tiempo parcial.

c) Que de establecerse dicha relación a tiempo parcial se estaría ante un empleado público laboral.

d) Que no es posible establecer esa relación a tiempo parcial.

14. Señala la respuesta incorrecta en relación con las circunstancias que pueden dar lugar al nombramiento de personal funcionario interino:

a) La existencia de puestos de trabajo vacantes, cuando no sea posible su cobertura por personal funcionario de carrera, por un máximo de tres años.

b) La sustitución transitoria de la persona titular de un puesto de trabajo, durante el tiempo estrictamente necesario.

c) La ejecución de programas de carácter temporal, que no podrán tener una duración superior a dos años.

d) El exceso o acumulación de tareas por plazo máximo de nueve meses, dentro de un periodo de dieciocho meses.

Solución al test n.º 8

1. a) Deberán exigir la superación de alguna prueba de conocimiento.

2. b) En la Ley 4/2021, tanto para el personal fijo como para el temporal.

3. d) No puede realizar funciones correspondientes al personal funcionario o al personal laboral.

4. b) Racionalizar la gestión de los recursos humanos.

5. d) Serán de naturaleza laboral.

6. c) Cuatrienalmente.

7. a) Deberán incluirse en la oferta de empleo correspondiente al ejercicio en que se produce su nombramiento, y de no ser posible, en la siguiente.

8. d) Las respuestas a) y b) son correctas.

9. a) Su nombramiento.

10. b) Se les aplicará en todo lo que no esté expresamente regulado por la legislación orgánica de Universidades y sus disposiciones de desarrollo.

11. c) Se aplica al personal eventual pero con las limitaciones y términos previstos en la propia ley.

12. a) Tendrá, en todo caso, carácter supletorio.

13. a) Que dicha relación puede establecerse por tiempo parcial.

14. c) La ejecución de programas de carácter temporal, que no podrán tener una duración superior a dos años.

TEST N.º 9

La Ley 4/2021, de 16 de abril, de la Generalitat, de la función pública valenciana (II). Título V: Nacimiento y extinción de la relación de servicio. Título VI: Derechos, deberes e incompatibilidades del personal empleado público (excepto capítulo III y sección 2.ª del capítulo IV)

1. Tal como dispone la Ley 4/2021, el sistema de teletrabajo para el empleado público de la Administración Valenciana:

a) Siempre tiene carácter voluntario y reversible, salvo en supuestos excepcionales debidamente justificados.

b) Una vez que el interesado ha optado libremente por él solo puede ser reversible a iniciativa de la Administración.

c) Tiene carácter extraordinario, voluntario y reversible, salvo en supuestos excepcionales debidamente justificados.

d) Tiene carácter voluntario y reversible, salvo en supuestos excepcionales debidamente justificados.

2. El concurso como sistema de selección de personal funcionario de carrera en la Administración de la Generalitat:

a) Solo se utilizará cuando esté establecido por ley.

b) Podrá utilizarse cuando esté dispuesto así reglamentariamente.

c) Se utilizará únicamente cuando se establezca así por norma con rango legal.

d) Podrá utilizarse cuando así lo disponga la norma aplicable.

3. La toma de posesión de un funcionario de carrera de la Administración de la Generalitat:

a) En ningún caso podrá ser superior a un mes desde la publicación del nombramiento.

b) Tendrá que realizarse dentro del año en que se convocaron las pruebas.

c) En ningún caso podrá ser superior a seis meses desde la publicación del nombramiento.

d) En ningún caso podrá ser superior a un mes desde la publicación de la lista definitiva de aspirantes que han superado las pruebas.

4. La prolongación de la permanencia en el servicio activo por parte de un funcionario de la Administración de la Generalitat:

a) Para determinados puestos de trabajo tiene el límite de los setenta años de edad.
b) Siempre tiene el límite de los setenta años de edad.
c) No tiene límite de edad.
d) Para determinados puestos de trabajo puede tener el límite de los setenta años de edad.

5. Cuando el órgano competente administrativo recibe una denuncia por irregularidades en el servicio público, la Ley 4/2021, determina que:

a) No podrá archivarla por considerarla infundada.
b) Solo podrá archivarla cuando no se concreten suficientemente los hechos.
c) No podrá archivarla.
d) Podrá archivarla cuando no se identifiquen suficientemente las personas denunciadas.

6. Los días que determina la Ley 4/2021, adicionales de vacaciones por motivo de antigüedad, podrán disfrutarse:

a) Desde el día del cumplimiento de los correspondientes años de servicio.
b) Desde el día siguiente al del cumplimiento de los correspondientes años de servicio.
c) Desde el día siguiente a la notificación del cumplimiento de los correspondientes años de servicio.
d) Desde el inicio del año siguiente al que se haya cumplido los años de servicio.

7. Realizada la convocatoria de un curso de formación para el empleado público de la Administración de la Generalitat:

a) Podrá acudir al mismo el funcionario que esté en excedencia por motivos familiares.
b) Podrá acudir al mismo el funcionario que se halle disfrutando de cualquier permiso previa autorización.
c) No podrá acudir al mismo el funcionario que esté en excedencia por incapacidad temporal.
d) No podrá acudir al mismo el funcionario que se halle en cualquier situación de permiso.

8. Para la determinación de la competencia lingüística, la Ley 4/2021, dispone que deberá respetarse el principio de:

a) La proporcionalidad y adecuación respecto al nivel de exigencia por parte de los usuarios del servicio público.
b) Que el nivel exigido siempre debe ser superior al nivel medio.
c) La libre voluntad de elección del funcionario.
d) La proporcionalidad y adecuación entre el nivel de exigencia y las funciones correspondientes.

9. Los órganos técnicos de selección del personal de la Administración de la Generalitat:

a) Tendrán que estar compuestos exclusivamente de personal funcionario, salvo que se trate de seleccionar personal laboral en cuyo caso sus componentes serán íntegramente personal laboral.

b) Estarán compuestos preferiblemente por personal funcionario salvo cuando se trate de seleccionar personal laboral.

c) Podrán no estar compuestos íntegramente por personal funcionario si se trata de seleccionar personal laboral.

d) Siempre tendrán que estar compuestos exclusivamente de personal funcionario.

10. Los órganos de selección de personal de la Administración de la Generalitat:

a) Podrán proponer un número superior de personas aprobadas a las plazas convocadas cuando así lo prevea la convocatoria.

b) No podrán proponer un número superior de personas aprobadas a las plazas convocadas.

c) Podrán proponer un número superior de personas aprobadas a las plazas convocadas cuando así lo justifiquen.

d) Podrán proponer un número superior de personas aprobadas a las plazas convocadas cuando así lo justifiquen por motivos excepcionales producidos durante el proceso selectivo.

11. En un proceso de selección de personal de la Administración de la Generalitat, el nombramiento de aquellos que han superado dicho proceso, deberá publicarse desde la finalización del mismo o, en su caso, del curso selectivo o periodo de prácticas, en el plazo máximo:

a) De seis meses.

b) De nueve meses.

c) De dos meses.

d) Determinado libremente en la convocatoria.

12. La solicitud de prolongación de permanencia en el servicio activo deberá ser solicitada por el funcionario de la Administración de la Generalitat:

a) Con una antelación mínima de cuatro meses a la fecha en que proceda la jubilación forzosa por edad y sin plazo máximo.

b) Con una antelación mínima de dos meses y máxima de cuatro meses a la fecha en que proceda la jubilación forzosa por edad.

c) Con una antelación mínima de cuatro meses y máxima de seis meses a la fecha en que proceda la jubilación forzosa por edad.

d) Con una antelación mínima de tres meses y máxima de seis meses a la fecha en que proceda la jubilación forzosa por edad.

13. Dispone la Ley 4/2021 que el intervalo mínimo entre el final de una jornada laboral y el comienzo de la siguiente para el personal funcionario será:

a) El que se determine reglamentariamente en cada caso concreto.
b) De ocho horas.
c) De veinticuatro horas.
d) De doce horas.

14. Los principios y obligaciones que figuran en el Código de conducta del personal empleado público de la Administración de la Generalitat:

a) No deberán ser tenidos en cuenta en la evaluación del desempeño.
b) Podrán ser tenidos en cuenta en la evaluación del desempeño.
c) Serán tenidos en cuenta en la evaluación del desempeño.
d) Excepcionalmente podrán ser tenidos en cuenta en la evaluación del desempeño.

15. Para la formación del personal directivo de la Administración de la Generalitat la EVAP diseñará, convocará y gestionará acciones de formación específica de conformidad:

a) Con la normativa que resulte de aplicación y de acuerdo con las directrices establecidas por la conselleria competente en materia de función pública.
b) Con la normativa que resulte de aplicación y de acuerdo con las directrices establecidas al efecto por la Presidencia de la Generalitat.
c) Con la normativa estatal que resulte de aplicación y, en su defecto de acuerdo con las directrices establecidas por la conselleria competente en materia de función pública.
d) Con la legislación estatal aplicable, así como con las directrices establecidas por la conselleria competente en materia de función pública.

16. Los conocimientos para el desempeño de las funciones o tareas que les son propias adquirido en las actividades de formación obligatorias para el personal empleado público de la Administración de la Generalitat:

a) Deberán aplicarse en la actividad profesional diaria en los supuestos en que así conste en la acción formativa.
b) Podrán aplicarse en la actividad profesional diaria.
c) Deberán aplicarse en la actividad profesional diaria.
d) Deberán aplicarse en la actividad profesional diaria si se ha determinado así reglamentariamente.

17. Para la selección del personal empleado público de la Administración de la Generalitat al sistema de oposición se reservará de los puestos de la oferta pública de empleo anual:

a) El 60 % de los puestos.
b) Al menos el 45 % de los puestos.

c) Al menos el 50 % de los puestos.
d) El 45 % de los puestos.

18. No podrá formar parte de los órganos de selección para el personal emplea-do público de la Administración de la Generalitat, las personas que hayan ejercido actividad de preparación de aspirantes para el ingreso en el empleo público:

a) En los últimos cinco años.
b) En los últimos tres años.
c) En el tiempo que libremente determine la convocatoria de las pruebas.
d) En los últimos dos años.

19. Si un funcionario de carrera de la Administración de la Generalitat presenta su renuncia a la condición de funcionario de la misma:

a) No podrá ser nombrado nuevamente funcionario de la Generalitat.
b) Se entenderá aceptada tácitamente si dentro del plazo legal no es rechazada por la autoridad que corresponda.
c) Se entenderá aceptada tácitamente si dentro del plazo legal no es rechazada por la persona titular de la conselleria competente en función pública.
d) Podrá presentarse a un nuevo proceso de selección para ingresar como funcionario en la misma.

20. En cuanto al personal laboral de la Administración de la Generalitat, su régi-men de jornada, permisos, licencias y vacaciones se determina:

a) En el convenio colectivo aplicable y, en su defecto, por la ley autonómica.
b) En la normativa estatal.
c) En el convenio colectivo aplicable y, en su defecto por la legislación estatal.
d) En el convenio colectivo aplicable y, en su defecto, por la normativa autonómica.

21. En la selección de profesoras y profesores que impartan cursos en la EVAP no regirá el principio de:

a) Capacidad.
b) Ponderación.
c) Publicidad.
d) Mérito.

22. La asistencia a las actividades formativas establecidas con el fin de adquirir conocimientos adecuados para el desempeño de sus funciones y tareas para las em-pleadas y los empleados públicos de la Administración de la Generalitat, es:

a) El principio de asistencia voluntaria.
b) De asistencia voluntaria u obligada según se disponga libremente en la convoca-toria de las mismas.

c) De asistencia obligatoria salvo causa justificada.

d) Siempre de asistencia voluntaria.

23. Los requisitos que, no hallándose enumerados en la Ley 4/2021, pueden exigirse en la convocatoria de las pruebas de acceso a personal empleado público de la Administración de la Generalitat:

a) Solo pueden ser exigidos de manera abstracta y general.

b) No tendrán relación objetiva y proporcionada con las funciones a asumir o las tareas a desempeñar.

c) Deberán ser exigidos de manera específica y personalizada.

d) Podrán tener o no relación objetiva y proporcionada con las funciones a asumir o las tareas a desempeñar.

24. No puede presentar su renuncia a la condición de funcionario la persona empleado público que:

a) Haya sido citado a declarar en un procedimiento judicial penal.

b) Haya sido citado como testigo en cualquier procedimiento disciplinario o judicial penal.

c) Haya sido citado a declarar como testigo en un procedimiento disciplinario.

d) Exista contra él un procedimiento judicial penal en el que se haya dictado auto de apertura de juicio oral.

25. La Ley 4/2021 establece que en la denuncia o alerta que se formule por prácticas corruptas o cualquier tipo de irregularidad del personal empleado público de la Administración de la Generalitat:

a) Deberá constar la identificación de los presuntos responsables si es posible.

b) Deberá constar la identidad de los presuntos responsables.

c) Podrá contener los hechos y la fecha de su comisión.

d) Podrá constar la identidad de las personas que la presentan si estas lo creen oportuno.

Solución al test n.º 9

1. d) Tiene carácter voluntario y reversible, salvo en supuestos excepcionales debidamente justificados.

2. a) Solo se utilizará cuando esté establecido por ley.

3. a) En ningún caso podrá ser superior a un mes desde la publicación del nombramiento.

4. b) Siempre tiene el límite de los setenta años de edad.

5. d) Podrá archivarla cuando no se identifiquen suficientemente las personas denunciadas.

6. b) Desde el día siguiente al del cumplimiento de los correspondientes años de servicio.

7. a) Podrá acudir al mismo el funcionario que esté en excedencia por motivos familiares.

8. d) La proporcionalidad y adecuación entre el nivel de exigencia y las funciones correspondientes.

9. c) Podrán no estar compuestos íntegramente por personal funcionario si se trata de seleccionar personal laboral.

10. a) Podrán proponer un número superior de personal aprobadas a las plazas convocadas cuando así lo prevea la convocatoria.

11. a) De seis meses.

12. b) Con una antelación mínima de dos meses y máxima de cuatro meses a la fecha en que proceda la jubilación forzosa por edad.

13. d) De doce horas.

14. b) Podrán ser tenidos en cuenta en la evaluación del desempeño.

15. a) Con la normativa que resulte de aplicación y de acuerdo con las directrices establecidas por la conselleria competente en materia de función pública.

16. c) Deberán aplicarse en la actividad profesional diaria.

17. c) Al menos el 50 % de los puestos.

18. a) En los últimos cinco años.

19. d) Podrá presentarse a u nuevo proceso de selección para ingresar como funcionario en la misma.

20. b) En la normativa estatal.

21. b) Ponderación.

22. c) De asistencia obligatoria salvo causa justificada.

23. a) Solo pueden ser exigidos de manera abstracta y general.

24. d) Exista contra él un procedimiento judicial penal en el que se haya dictado auto de apertura de juicio oral.

25. a) Deberá constar la identificación de los presuntos responsables si es posible.

TEST N.º 10

La Ley 4/2021, de 16 de abril, de la Generalitat, de la función pública valenciana (III). Título VII: Provisión de puestos de trabajo y movilidad. Título VIII: Promoción profesional. Título IX: Situaciones administrativas del personal funcionario de carrera

1. En las convocatorias realizadas por la Administración de la Generalitat, ninguno de los méritos que se valoren tanto en los concursos ordinarios como específicos:

a) Podrán superar el 40 % del total de la puntuación máxima alcanzable.

b) Podrán superar el 50 % del total de la puntuación máxima alcanzable, salvo que así se motive de forma extraordinaria en la convocatoria.

c) Podrán superar el 45 % del total de la puntuación máxima alcanzable.

d) Podrán superar el 50 % del total de la puntuación máxima alcanzable, salvo que así se motive en la convocatoria.

2. La remoción del puesto de trabajo de un funcionario de carrera que se produzca como consecuencia del cumplimiento inadecuado de las funciones atribuidas a su puesto:

a) Precisa conformidad de la junta de personal correspondiente.

b) Puede exigir expediente contradictorio.

c) Exige que sea oída la junta de personal correspondiente si el funcionario correspondiente así lo solicita.

d) Exige que sea oída la junta de personal correspondiente.

3. La adscripción temporal en la Administración de la Generalitat como efecto de la movilidad forzosa del personal funcionario de carrera:

a) No podrá ser superior a un año, prorrogable por el tiempo necesario.

b) No podrá ser superior a un año, prorrogable por otro año más.

c) No podrá ser superior a un año, incluidas las prórrogas que puedan concederse.

d) No podrá ser superior a dos años, prorrogable por otro año más.

4. Según la Ley 4/2021, no es principio a respetar en el sistema de promoción profesional de los funcionarios de carrera de la Administración de la Generalitat, el de:

a) Idoneidad.
b) Mérito.
c) Publicidad.
d) Capacidad.

5. Respecto a las modalidades de la promoción personal del funcionario de carrera de la Administración de la Generalitat, no es correcto afirmar:

a) Que mediante la carrera vertical se obtiene puesto de trabajo con carácter definitivo.
b) Que la carrera horizontal exige cambio de puesto de trabajo.
c) Que la carrera horizontal consiste en la aplicación de un sistema de grados.
d) Que la carrera vertical se basa en la adquisición de un mayor nivel competencial.

6. Las actividades científicas, docentes, de investigación o publicaciones en relación con el perfil de las tareas que se atribuyan al puesto convocado, para ser valoradas como méritos en la Administración de la Generalitat:

a) Podrán ser de cualquier índole siempre que estén relacionadas con el funcionamiento de la Administración Pública.
b) Deberán estar vinculadas con el perfil de las tareas del puesto convocado.
c) Deberán estar vinculadas con el perfil de las tareas del puesto convocado en la forma que se determine reglamentariamente.
d) Deberán estar vinculadas directamente con el perfil de las tareas del puesto convocado.

7. Si la convocatoria de un concurso específico dentro del ámbito de la Administración de la Generalitat ha establecido una puntuación mínima para la adjudicación del puesto, y la puntuación no es alcanzada por ninguna de las personas candidatas:

a) El puesto será amortizado.
b) Este supuesto no está permitido por la Ley 4/2021.
c) Acrecerá la vacante las plazas del concurso ordinario.
d) Determina la declaración del concurso como desierto.

8. El ofrecimiento de los puestos de trabajo ofertados al personal de nuevo ingreso, según lo dispuesto en la Ley 4/2021:

a) Solo precisará la realización de concurso previo entre quienes ya tenga la condición de funcionarios o funcionarias de carrera cuando así se haya advertido en las bases de la convocatoria.
b) Motivadamente podrá no precisar la realización de concurso previo entre quienes ya tenga la condición de funcionarios o funcionarias de carrera.
c) No precisará la realización de concurso previo entre quienes ya tenga la condición de funcionarios o funcionarias de carrera.
d) Precisará la realización de concurso previo entre quienes ya tenga la condición de funcionarios o funcionarias de carrera.

9. En relación con la convocatoria pública de libre designación y teniendo en cuenta la especial responsabilidad y confianza que el puesto conlleva, señala cuál de los siguientes puestos de trabajo no es posible proveer por este sistema:

a) Los puestos de trabajo con el rango de subdirección general o jefatura de servicio.

b) Los puestos de secretaría de altos cargos.

c) Los puestos de naturaleza funcionarial que se creen como consecuencia de un acuerdo del Consell y con las características y requisitos que se establezcan, pertenecientes a los grupos o subgrupos profesionales A1, A2, B o C, adscritos y directamente dependientes de las subsecretarías o de las secretarías autonómicas.

d) El personal conductor al servicio directo de los miembros del Consell.

10. El puesto de trabajo de la Administración de le Generalitat, asignado mediante la adscripción provisional:

a) Se convocará, en todo caso, para su provisión definitiva.

b) No se convocará, en principio, para su provisión definitiva.

c) Se convocará para su provisión definitiva salvo que esté sujeto a reserva legal.

d) Se convocará para su provisión definitiva cuando esté sujeto a reserva legal.

11. El derecho de los empleados públicos de la Administración de la Generalitat para ser trasladados a otro puesto de trabajo por razón de violencia terrorista:

a) Será en razón de la normativa estatal de carácter básico.

b) Lo es en base a los términos previstos en la legislación de la Generalitat.

c) Será en razón de la normativa estatal a la que se remite la legislación de la Generalitat.

d) Lo es en base a los términos previstos en la normativa de la Generalitat.

12. Las ofertas de empleo público de la Generalitat reservarán para el turno de promoción interna:

a) Un porcentaje del 30 % de las vacantes convocadas siempre que se trate de oposición y no de concurso-oposición.

b) Un porcentaje no inferior al 40 % de las vacantes convocadas a oposición o concurso-oposición.

c) Un porcentaje no superior al 30 % de las vacantes convocadas tanto si se trata de oposición como de concurso-oposición.

d) Un porcentaje del 40 % de las vacantes convocadas a oposición o concurso-oposición.

13. Un funcionario de carrera de la Administración de la Generalitat que se encuentra en situación de servicios especiales por tener la condición de diputado de Les Corts, cuando se ha producido la disolución de dicha Cámara:

a) Solo podrá permanecer en dicha situación administrativa si es miembro de la Diputación permanente de Les Corts.

b) Permanece en dicha situación administrativa hasta la constitución de las nuevas Corts.

c) Pierde la dicha situación administrativa en el momento en que se publique la convocatoria de dichas elecciones.

d) Podrá permanecer en esa situación administrativa hasta su nueva constitución si está incluido en alguna lista electoral que se presente a las elecciones.

14. En la Administración de la Generalitat, la convocatoria para provisión de puestos de trabajo:

a) Se realizará con una periodicidad máxima de dos años salvo que circunstancias indicadas en los planes de ordenación de recursos humanos justifiquen que se realice en un plazo inferior.

b) Se realizará con una periodicidad máxima de dos años salvo que por cualquier causa se estime oportuna la superación de dicho plazo.

c) Se realizará con una periodicidad máxima de dos años salvo que circunstancias indicadas en los planes de ordenación de recursos humanos justifiquen la superación de dicho plazo.

d) Se realizará con una periodicidad máxima de dos años salvo que circunstancias indicadas legalmente justifiquen que se realice en un plazo inferior.

15. El plazo de permanencia en el puesto de trabajo obtenido con destino definitivo para poder participar, en la Administración, de la Generalitat, en un concurso de provisión de puestos de trabajo:

a) Cuando su puesto de trabajo haya sido amortizado u obtenido como consecuencia de un plan de ordenación de recursos humanos.

b) Cuando haya sido removido o cesado del mismo por alguna de las causas previstas en la Ley 4/2021.

c) Cuando se trate del primer destino definitivo obtenido tras la superación de un procedimiento de acceso.

d) En ninguno de los tres casos anteriores existe la obligación de permanencia de dos años en el puesto de trabajo.

16. Según lo dispuesto en la Ley 4/2021, la provisión de puestos y movilidad del personal laboral se realizará de conformidad:

a) Por el procedimiento de provisión de puestos y movilidad establecidos para el personal funcionario de carrera y, en su defecto, por lo que establezcan los convenios colectivos y los planes de igualdad aplicables.

b) Por el procedimiento de provisión de puestos y movilidad establecidos para el personal funcionario de carrera salvo en lo que se remita específicamente a lo dispuesto en un convenio colectivo.

c) Por lo establecido en los convenios colectivos y los planes de igualdad de aplicación, y, en su defecto por el procedimiento de provisión de puestos y movilidad establecidos para el personal funcionario de carrera.

d) Por lo establecido en los convenios colectivos y las leyes de igualdad de aplicación, y, en su defecto por el procedimiento de provisión de puestos y movilidad establecidos para el personal funcionario de carrera.

17. La Ley 4/2021 no determina, respecto a los órganos técnicos encargados de la ejecución de los concursos tanto ordinarios como específicos, que:

a) Su funcionamiento se ajuste al principio de interés social.
b) Su composición responderá al principio de profesionalidad.
c) Su funcionamiento responderá al principio de objetividad.
d) Su composición responderá al principio de especialización.

18. Para la participación en los concursos específicos convocados por la Administración de la Generalitat, se deberá contar con la antigüedad mínima de:

a) Cinco años como personal funcionario de carrera.
b) Tres años como funcionario.
c) Dos años prestados en cualquiera de sus situaciones administrativas.
d) Tres años como funcionario de carrera.

19. Si en la valoración de un concurso existen repetidas como máximas dos puntuaciones:

a) Se desecha la nota mínima.
b) Se desecha una de las dos.
c) Se promedia una de dichas notas con la mínima y se cuenta máxima la resultante.
d) Se desechan las dos.

20. A la funcionaria o funcionario que sea nombrado provisionalmente por mejora de empleo:

a) Se le reserva su puesto de trabajo por el plazo máximo de un año.
b) Se le reserva su puesto de trabajo por el plazo máximo de un año prorrogable por otro año.
c) No se le reserva su puesto de trabajo.
d) Se le reserva el puesto de trabajo por el tiempo del desempeño temporal.

21. Tal como dispone la Ley 4/2021, en la situación de servicios especiales:

a) No puede estar en esta situación el personal funcionario interino.
b) El incumplimiento de la obligación de solicitar el reingreso en el servicio activo, concluida la situación de servicios especiales, da lugar a la pérdida de la reserva al puesto de trabajo.
c) La situación de servicios especiales no supone para el funcionario de carrera cómputo de tipo de permanencia en la misma a los efectos de reconocimiento de antigüedad, promoción interna, ascensos pero sí derechos en el régimen de la Seguridad Social que les sea de aplicación.
d) El reingreso en el servicio activo, cuando proceda dicha obligación tendrá que solicitarse en el plazo de dos meses a contar desde el día siguiente al de finalización de la causa que dio lugar a la situación de servicios especiales.

22. El plazo máximo de permanencia en la situación de excedencia voluntaria incentivada es de:

a) Dos años.
b) Tres años.
c) Cuatro años.
d) Cinco años.

23. En los concursos específicos para cubrir puestos de trabajo en la Administración de la Generalitat, la puntuación de las pruebas de la segunda fase:

a) No podrá ser superior, en su conjunto, al 45 % del total.
b) Ninguna de las pruebas que la integren podrá alcanzar el 45 % del total.
c) No podrá ser superior, en su conjunto, al 50 % del total.
d) Ninguna de las pruebas que la integren podrá superar el 50 % del total.

24. La remoción del puesto de trabajo del personal funcionario de carrera de la Administración de la Generalitat por causa de rendimiento insuficiente que no comporte inhibición precisa:

a) Previo expediente judicial.
b) Expediente contradictorio.
c) Sanción judicial previa.
d) Condena judicial penal.

Solución al test n.º 10

1. a) Podrán superar el 40 % del total de la puntuación máxima alcanzable.

2. d) Exige que sea oída la junta de personal correspondiente.

3. b) No podrá ser superior a un año, prorrogable por otro año más.

4. a) Idoneidad.

5. b) Que la carrera horizontal exige cambio de puesto de trabajo.

6. d) Deberán estar vinculadas directamente con el perfil de las tareas del puesto convocado.

7. d) Determina la declaración del concurso como desierto.

8. d) Precisará la realización de concurso previo entre quienes ya tenga la condición de funcionarios o funcionarias de carrera.

9. c) Los puestos de naturaleza funcionarial que se creen como consecuencia de un acuerdo del Consell y con las características y requisitos que se establezcan, pertenecientes a los grupos o subgrupos profesionales A1, A2, B o C, adscritos y directamente dependientes de las subsecretarías o de las secretarías autonómicas.

10. c) Se convocará para su provisión definitiva, salvo que esté sujeto a reserva legal.

11. a) Será en razón de la normativa estatal de carácter básico.

12. b) Un porcentaje no inferior al 40 % de las vacantes convocadas a oposición o concurso-oposición.

13. d) Podrá permanecer en esa situación administrativa hasta su nueva constitución si está incluido en alguna lista electoral que se presente a las elecciones.

14. c) Se realizará con una periodicidad máxima de dos años salvo que circunstancias indicadas en los planes de ordenación de recursos humanos justifiquen la superación de dicho plazo.

15. d) En ninguno de los tres casos anteriores existe la obligación de permanencia de dos años en el puesto de trabajo.

16. c) Por lo establecido en los convenios colectivos y los planes de igualdad de aplicación, y, en su defecto por el procedimiento de provisión de puestos y movilidad establecidos para el personal funcionario de carrera.

17. a) Su funcionamiento se ajuste al principio de interés social.

18. a) Cinco años como personal funcionario de carrera.

19. b) Se desecha una de las dos.

20. d) Se le reserva el puesto de trabajo por el tiempo del desempeño temporal.

21. b) El incumplimiento de la obligación de solicitar el reingreso en el servicio activo, concluida la situación de servicios especiales, da lugar a la pérdida de la reserva al puesto de trabajo.

22. d) Cinco años.

23. a) No podrá ser superior, en su conjunto, al 45 % del total.

24. b) Expediente contradictorio.

TEST N.º 11

La Ley Orgánica 2/2023, de 22 de marzo, del Sistema Universitario (I): Título Preliminar. Título I: Funciones del sistema universitario y autonomía de las universidades

1. La Ley Orgánica 6/2001, de 21 de diciembre, de Universidades ha sido derogada por la:

a) La Ley Orgánica 12/2023, de 22 de marzo, del Sistema Universitario.
b) La Ley Orgánica 2/2023, de 22 de marzo, del Sistema Universitario.
c) La Ley Orgánica 12/2023, de 22 de marzo, de Coordinación del Sistema Universitario.
d) La Ley Orgánica 2/2023, de 22 de marzo, de Coordinación del Sistema Universitario.

2. La autonomía de las Universidades se reconoce:

a) En el artículo 27.10 de la Constitución española.
b) En los términos que la ley establezca.
c) En el artículo 27.9 de la Constitución española.
d) Son correctas las respuestas a) y b).

3. La Ley Orgánica 2/2023, de 22 de marzo, del Sistema Universitario, entró en vigor:

a) El 22 de marzo de 2023.
b) El 2 de abril de 2023.
c) El 7 de abril de 2023.
d) El 13 de abril de 2023.

4. La Ley Orgánica 2/2023, de 22 de marzo, del Sistema Universitario, se estructura en:

a) Diez títulos.
b) Doce títulos.
c) Catorce títulos.
d) Dieciséis títulos.

5. La autonomía universitaria garantiza la libertad de cátedra del profesorado, que se manifiesta en:

a) La libertad en la docencia.
b) La libertad en la investigación.
c) La libertad en el estudio.
d) Las tres respuestas anteriores son correctas.

6. Sin perjuicio del respeto y pleno desarrollo del principio constitucional de autonomía universitaria, corresponde el desarrollo de las tareas de coordinación de las universidades de su respectivo ámbito competencial:

a) Al Gobierno.
b) A las Comunidades Autónomas.
c) Son correctas a) y b).
d) A la Conferencia General de Política Universitaria.

7. La Ley Orgánica 2/2023, de 22 de marzo, del Sistema Universitario, se compone de:

a) 89 artículos.
b) 98 artículos.
c) 100 artículos.
d) 108 artículos.

8. La potestad de autonormación de las universidades ha de ser entendida como:

a) La capacidad para dotarse de su propia norma de funcionamiento u ordenamiento específico y diferenciado, sin perjuicio de las relaciones de coordinación con otros ordenamientos en los que el universitario tenga necesariamente que integrarse.
b) La capacidad de autogestión para lograr los fines que tienen asignados.
c) La potestad de autodeterminarse dentro del sector público como una administración más.
d) Ninguna respuesta es correcta.

9. De conformidad con la disposición derogatoria única de la Ley Orgánica 2/2023, de 22 de marzo, del Sistema Universitario, queda expresamente derogada:

a) La Ley Orgánica 6/2001, de 21 de diciembre, de Universidades, salvo sus disposiciones finales segunda y cuarta.
b) La Ley Orgánica 4/2007, de 12 de abril, por la que se modifica la Ley Orgánica 6/2001, de 21 de diciembre, de Universidades, salvo sus disposiciones finales primera y segunda.
c) El Real Decreto-ley 14/2012, de 20 de abril, de medidas urgentes de racionalización del gasto público en el ámbito educativo.
d) Todas las respuestas anteriores son correctas.

10. En la Ley Orgánica 2/2023, de 22 de marzo, del Sistema Universitario, "El régimen jurídico y la estructura de las Universidades públicas" aparece regulada en el:

a) Capítulo I, de su Título IX.
b) Capítulo I, de su Título V.
c) Capítulo II, de su Título IX.
d) Capítulo II, de su Título V.

Solución al test n.º 11

1. b) La Ley Orgánica 2/2023, de 22 de marzo, del Sistema Universitario.

2. d) Son correctas las respuestas a) y b).

3. d) El 13 de abril de 2023.

4. a) Diez títulos.

5. d) Las tres respuestas anteriores son correctas.

6. c) Son correctas a) y b).

7. c) 100 artículos.

8. a) La capacidad para dotarse de su propia norma de funcionamiento u ordenamiento específico y diferenciado, sin perjuicio de las relaciones de coordinación con otros ordenamientos en los que el universitario tenga necesariamente que integrarse.

9. c) El Real Decreto-ley 14/2012, de 20 de abril, de medidas urgentes de racionalización del gasto público en el ámbito educativo.

10. a) Capítulo I, de su Título IX.

TEST N.º 12

La Ley Orgánica 2/2023, de 22 de marzo, del Sistema Universitario (II): Título III: Organización de enseñanzas. Título VIII: El estudiantado en el Sistema Universitario

1. Según el artículo 6 de la LOSU, ¿qué tipo de docencia es preferentemente impartida en las universidades?

a) Virtual.
b) Híbrida.
c) Presencial.
d) Remota.

2. Según el artículo 8, ¿quién establecerá las directrices y condiciones para la obtención y expedición de los títulos?

a) El Gobierno, mediante Real decreto.
b) El Gobierno, previo informe de la Conferencia General de Política Universitaria y del Consejo de Universidades.
c) La Conferencia General de Política Universitaria
d) Las opciones a) y b) son correctas.

3. ¿Qué establece la Disposición adicional décima de la LOSU sobre los títulos de Diplomado Universitario, Arquitecto Técnico e Ingeniero Técnico?

a) Serán revisados.
b) Mantendrán su plena vigencia académica, administrativa y profesional en los mismos términos en que se establecieron.
c) Serán eliminados.
d) Serán sustituidos por nuevos títulos.

4. ¿Qué porcentaje de plazas deben reservar las universidades para estudiantes con discapacidad en los títulos oficiales de Grado, Máster Universitario y Doctorado, al menos?

a) 10%.
b) 2%.
c) 7%.
d) 5%.

5. Según el artículo 32 de la LOSU, ¿qué debe garantizarse en la concesión de becas y ayudas al estudio?

a) Igualdad de oportunidades en el acceso y en la continuidad en las enseñanzas universitarias.
b) Prioridad a estudiantes de bajos ingresos.
c) Exclusividad para estudiantes nacionales.
d) Preferencia a estudiantes de áreas rurales.

6. ¿Qué artículo de la LOSU menciona los derechos del estudiantado relativos a la formación académica?

a) Artículo 31.
b) Artículo 32.
c) Artículo 33.
d) Artículo 34.

7. ¿Qué establece el artículo 37 de la LOSU sobre la equidad y no discriminación en las universidades?

a) Garantiza la educación gratuita.
b) Prohíbe la discriminación por varias razones, incluyendo la condición socioeconómica.
c) Exige la admisión de todos los solicitantes.
d) Prioriza la admisión a ciertos grupos demográficos.

8. ¿Quién regulará de forma básica con carácter de mínimos las modalidades y cuantías de las becas y ayudas al estudio, las condiciones económicas y académicas que hayan de reunir los beneficiarios, así como los supuestos de incompatibilidad, revocación, reintegro y cuantos requisitos sean precisos para asegurar la igualdad en el acceso a dichas becas y ayudas?

a) Las Comunidades Autónomas.
b) El Ministerio.
c) El Gobierno.
d) Las universidades públicas.

9. La concesión de las becas y ayudas al estudio responderá prioritaria y fundamentalmente a:

a) Criterios académicos.
b) Criterios socioeconómicos.
c) Criterios de igualdad e inclusión.
d) Características específicas del estudiantado.

10. Los estudios de Máster Universitario tienen como finalidad u objetivo:

a) La obtención por parte del estudiantado de una formación básica y generalista en una disciplina determinada.
b) La adquisición de las competencias y las habilidades concernientes a la investigación dentro de un ámbito del conocimiento científico, técnico, humanístico, artístico o cultural.
c) La formación avanzada, de carácter especializado temáticamente, o de carácter multidisciplinar o interdisciplinar, dirigida a la especialización académica o profesional, o bien encaminada a la iniciación en tareas de investigación.
d) Ninguna respuesta es correcta.

Solución al test n.º 12

1. c) Presencial.

2. d) Las opciones a) y b) son correctas.

3. b) Mantendrán su plena vigencia académica, administrativa y profesional en los mismos términos en que se establecieron.

4. d) 5%.

5. a) Igualdad de oportunidades en el acceso y en la continuidad en las enseñanzas universitarias.

6. c) Artículo 33.

7. b) Prohíbe la discriminación por varias razones, incluyendo la condición socioeconómica.

8. c) El Gobierno.

9. b) Criterios socioeconómicos.

10. c) La formación avanzada, de carácter especializado temáticamente, o de carácter multidisciplinar o interdisciplinar, dirigida a la especialización académica o profesional, o bien encaminada a la iniciación en tareas de investigación.

La Ley Orgánica 2/2023, de 22 de marzo, del Sistema Universitario (III): Título IX: Régimen específico de las universidades públicas

1. ¿Qué artículo de la LOSU señala que las universidades podrán estructurarse en campus, facultades, escuelas, departamentos, institutos universitarios de investigación, escuelas de doctorado y otros centros o estructuras necesarios para el desarrollo de sus funciones?

a) Artículo 35.
b) Artículo 40.
c) Artículo 45.
d) Artículo 50.

2. Según la LOSU, ¿dónde se establecen las funciones de los centros o estructuras que componen la universidad?

a) Por Decreto del Rector.
b) Por orden del Consejo de Gobierno.
c) En los Estatutos de la Universidad.
d) Por Real Decreto de la Comunidad Autónoma.

3. ¿Qué principio NO es mencionado como parte de las actuaciones de la Defensoría Universitaria?

a) Independencia.
b) Autonomía.
c) Transparencia.
d) Confidencialidad.

4. Según el artículo 57 de la LOSU, ¿cómo debe ser el presupuesto de las universidades?

a) Privado, único y equilibrado.
b) Público, único y equilibrado.
c) Público, múltiple y equilibrado.
d) Público, único y con superávit.

5. ¿Cuál es el artículo de la LOSU que regula la creación, modificación y supresión de facultades y escuelas?

a) Artículo 38.
b) Artículo 39.
c) Artículo 40.
d) Artículo 41.

6. Según el artículo 43 de la LOSU, ¿qué servicios deberán contar con recursos humanos y económicos suficientes en las universidades?

a) Servicios de salud.
b) Servicios de orientación profesional.
c) Servicios de acompañamiento psicológico y pedagógico.
d) Todos los anteriores.

7. En su procedimiento de elaboración, ¿qué documento debe incluir informes de impacto por razón de género y de impacto medioambiental?

a) Los estatutos de la universidad.
b) El plan de estudios.
c) El presupuesto de la universidad.
d) El plan estratégico.

8. Según el artículo 68 de la LOSU, ¿a qué cuerpos docentes pertenecen las y los catedráticos de universidad?

a) Personal laboral.
b) Personal docente e investigador.
c) Cuerpos docentes universitarios.
d) Personal técnico.

9. Según el artículo 69 de la LOSU, para el acceso a los cuerpos docentes universitarios se requiere, además del título de Doctor/a:

a) Publicaciones en revistas científicas.
b) Experiencia docente mínima de 5 años.
c) La previa obtención de una acreditación por parte de la ANECA.
d) Participación en proyectos internacionales.

10. ¿Cuál es la duración máxima del contrato de Profesor Ayudante Doctor según el artículo 78 de la LOSU?

a) 4 años.
b) 5 años.
c) 6 años.
d) 7 años.

11. ¿Qué figura docente establece la LOSU para sustituir al personal docente con derecho a reserva de puesto de trabajo que suspenda temporalmente la prestación de sus servicios?

a) Profesor Emérito.
b) Profesor Sustituto.
c) Profesor Asociado.
d) Profesor Visitante.

12. Según la LOSU, puede nombrar a Profesoras y Profesores Eméritos entre el personal docente e investigador funcionario o laboral jubilado que haya prestado servicios destacados en la misma universidad:

a) La Comunidad Autónoma.
b) El Rector.
c) El Ministerio de Universidades.
d) La universidad, de acuerdo con sus Estatutos.

13. Según el artículo 60 de la LOSU, los grupos de investigación reconocidos por la universidad, los departamentos y los institutos universitarios de investigación, así como su profesorado, pueden celebrar contratos para la realización de trabajos de carácter científico, tecnológico, humanístico o artístico, así como para actividades específicas de formación:

a) Solo con universidades.
b) Solo con entidades públicas.
c) Con personas físicas, universidades o entidades públicas y privadas.
d) Solo con entidades privadas.

14. ¿Qué establece el artículo 61 de la LOSU sobre la participación de las universidades en empresas?

a) Las universidades no pueden participar en empresas.
b) Las universidades pueden crear o participar en entidades o empresas basadas en el conocimiento desarrolladas a partir de patentes o de resultados generados por la investigación financiados total o parcialmente con fondos públicos y realizados en universidades.
c) Las universidades solo pueden participar en empresas con fines educativos.
d) Las universidades pueden participar solo en empresas internacionales.

15. ¿Qué deben hacer las universidades según el artículo 59 de la LOSU respecto a su gestión económico-financiera?

a) Mantenerla en secreto.
b) Someterla a principios de transparencia y rendición de cuentas.
c) Delegarla en el Ministerio de Educación.
d) Externalizar la gestión.

Solución al test n.º 13

1. b) Artículo 40.

2. c) En los Estatutos de la Universidad.

3. c) Transparencia.

4. b) Público, único y equilibrado.

5. d) Artículo 41.

6. d) Todos los anteriores.

7. c) El presupuesto de la universidad.

8. c) Cuerpos docentes universitarios.

9. c) La previa obtención de una acreditación por parte de la ANECA.

10. c) 6 años.

11. b) Profesor Sustituto.

12. d) La universidad, de acuerdo con sus Estatutos.

13. c) Con personas físicas, universidades o entidades públicas y privadas.

14. b) Las universidades pueden crear o participar en entidades o empresas basadas en el conocimiento desarrolladas a partir de patentes o de resultados generados por la investigación financiados total o parcialmente con fondos públicos y realizados en universidades.

15. b) Someterla a principios de transparencia y rendición de cuentas.

TEST N.º 14

Los Estatutos de la Universitat de València (I): Título Preliminar: De la naturaleza y fines de la Universitat de València. Título Primero: De la estructura de la Universitat de València. Capítulo primero: de los departamentos. Capítulo Segundo: De las facultades y escuelas. Sección primera: De las facultades y escuelas propias. Capítulo Tercero: De los institutos universitarios de investigación. Capítulo Séptimo: De los Servicios generales. Capítulo Octavo: De los Servicios Centrales Administrativos y Económicos

1. Los Estatutos de la Universitat de València (Estudi General) han sido objeto de la última reforma por medio de:

a) Decreto 128/2004, de 30 de julio.
b) Decreto 128/2018 de 30 de julio.
c) Ley 12/2004, de 30 de julio.
d) Decreto 45/2013 de 28 de marzo.

2. La reforma última de los Estatutos de la Universitat de València (Estudi General) entraron en vigor:

a) Al día siguiente de su publicación.
b) Al mes siguiente de su publicación.
c) A los veinte días siguientes a su publicación.
d) A los dos meses siguientes a su publicación.

3. Los Estatutos de la Universitat de València se componen de un total de:

a) 235 artículos.
b) 245 artículos.
c) 253 artículos.
d) 254 artículos.

4. Los Estatutos de la Universitat de València se estructuran en:

a) Siete Títulos.
b) Ocho Títulos.
c) Nueve Títulos.
d) Diez Títulos.

5. Para la aprobación de la reforma parcial de los Estatutos de la Universitat de València se requerirá el voto favorable de:

a) La mayoría simple de los miembros del Claustro.
b) La mayoría absoluta de los miembros del Claustro.
c) La mayoría de las dos terceras partes de los miembros del Claustro.
d) La mayoría de las tres quintas partes de los miembros del Claustro.

6. Señala cuál de los siguientes no es un derecho de los miembros de la comunidad universitaria según el artículo 10 de los Estatutos de la Universitat de València:

a) La constitución e integración en asociaciones, sindicatos y otras organizaciones, y la realización de las actividades correspondientes.
b) La potestad para adquirir, poseer, reivindicar, permutar, gravar o enajenar toda clase de bienes de la universidad.
c) La promoción y realización de actividades culturales, deportivas y recreativas.
d) La utilización adecuada de las instalaciones, bienes y recursos de la Universitat de València.

7. Señala cuál de los siguientes no es un deber de los miembros de la comunidad universitaria según el artículo 10 de los Estatutos de la Universitat de València:

a) Contribuir a la mejora de las finalidades y al funcionamiento de la Universitat de València como servicio público.
b) Potenciar el prestigio de la Universitat de València y su vinculación con la sociedad.
c) Cumplir los Estatutos de la Universitat de València, las disposiciones que los desarrollan y los acuerdos y resoluciones de los órganos de gobierno.
d) La participación en los órganos de gobierno, representación y gestión con arreglo a lo establecido en los Estatutos.

8. La creación, modificación y supresión de Departamentos corresponde:

a) Al Consejo de Universidades.
b) A la Universidad.
c) A la Comunidad Autónoma.
d) Al Gobierno.

9. La creación y modificación de las Escuelas y Facultades serán acordadas por:

a) El Consejo Social.
b) El Consejo de Gobierno de la Universidad.
c) El Claustro Universitario.
d) La Comunidad Autónoma.

10. En cualquier caso, todo Departamento deberá contar, al menos, con:

a) Cinco Catedráticos con dedicación a tiempo completo.
b) Cinco Profesores Titulares con dedicación a tiempo completo.
c) Cinco Catedráticos o Profesores Titulares con dedicación a tiempo completo.
d) Todas las respuestas anteriores son incorrectas.

11. La supresión de una Escuela Universitaria será acordada por:

a) El Consejo Social de la Universidad.
b) El Consejo de Gobierno de la Universidad.
c) El Claustro Universitario.
d) La Comunidad Autónoma.

12. La creación, modificación y supresión de Departamentos corresponde:

a) Al Consejo de Universidades.
b) A la Universidad.
c) A la Comunidad Autónoma.
d) Al Gobierno.

13. La creación y supresión de los Institutos Universitarios de Investigación será acordada por:

a) El Consejo Social.
b) El Claustro Universitario.
c) El Consejo de Gobierno.
d) La Comunidad Autónoma.

14. A tenor del artículo 17 de los Estatutos de la Universitat de València la creación, modificación y supresión de departamentos corresponde:

a) Al Consejo Social.
b) Al Claustro.
c) Al Consejo de Gobierno.
d) A la Comunidad Autónoma.

15. De conformidad con lo dispuesto en los Estatutos de la Universitat de Valèn-cia un Centro de nueva creación presentará al Consejo de Gobierno el proyecto de reglamento de régimen interno en el plazo de:

a) Tres meses a partir de la fecha de creación de dicho centro.
b) Seis meses a partir de la fecha de creación de dicho centro.
c) Nueve meses a partir de la fecha de creación de dicho centro.
d) Un año a partir de la fecha de creación de dicho centro.

16. La creación, la modificación o la supresión de un colegio mayor de la Univer-sitat de València serán decididas por:

a) El Consejo Social, previo informe favorable del Consejo de Gobierno.
b) El Consejo Social, previo informe favorable del Claustro Universitario.
c) El Consejo de Gobierno, previo informe favorable del Consejo Social.
d) El Consejo de Gobierno, previo informe favorable del Claustro Universitario.

17. La supresión de un servicio general de la Universitat de València requiere:

a) El acuerdo favorable del Claustro.
b) El acuerdo favorable del Rector/a.
c) El acuerdo favorable de la Comunidad Autónoma.
d) El acuerdo favorable del Consejo Social.

18. Los Servicios Centrales Administrativos y Económicos se encuentran bajo la dependencia orgánica y funcional de:

a) Un Vicerrectorado.
b) El Rectorado.
c) La Gerencia.
d) La Secretaría General.

19. En cada Servicio de la Universitat de València habrá un director o una directora:

a) Perteneciente al personal docente e investigador o al personal de administración y servicios, nombrado por el rector o la rectora.
b) Perteneciente al personal docente e investigador o al personal de administración y servicios, nombrado por el Consejo de Gobierno.
c) Perteneciente al personal docente e investigador nombrado por el rector o la rectora.
d) Perteneciente al personal de administración y servicios, nombrado por el Consejo de Gobierno.

20. La Universitat de València puede establecer clínicas especializadas de asistencia sanitaria para desarrollar funciones docentes, investigadoras y de formación cultural dentro del ámbito de su competencia. Regulará sus órganos de gobierno y su funcionamiento un reglamento aprobado por:

a) La Comunidad Autónoma.
b) El Claustro Universitario.
c) El Consejo Social de la Universidad.
d) El Consejo de Gobierno de la Universidad.

21. La Universitat de València puede crear, modificar o suprimir residencias universitarias, mediante acuerdo:

a) Del Consejo de Gobierno, previo informe favorable del Consejo Social.
b) Del Consejo de Gobierno, previo informe favorable del Claustro Universitario.
c) Del Consejo Social, previo informe favorable del Consejo de Gobierno.
d) Del Consejo Social, previo informe favorable del Claustro Universitario.

22. En relación con el Jardí Botànic es cierto que:

a) Su composición y funciones son determinadas por la Gerencia.
b) Es un centro en el que se realizan funciones de investigación, docencia y difusión cultural en colaboración con los departamentos, centros o servicios que, por su naturaleza, están relacionados con él.
c) Se regula en los artículos 66 a 67 de los Estatutos.
d) Todas son correctas.

23. La modificación de un Instituto interuniversitario de la Universitat de València se realizará con arreglo a lo previsto en su reglamento de régimen interno, y sin perjuicio de la competencia de:

a) La Secretaría General.
b) La Gerencia.
c) El Consejo Social.
d) El Consejo de Dirección.

24. El expediente de creación de un Instituto Universitario propio, que debe incluir el informe de una agencia oficial de evaluación de universidades, será sometido a información pública de la comunidad universitaria durante el plazo de:

a) 15 días.
b) 20 días.
c) Un mes.
d) Dos meses.

25. ¿Cuándo debe un instituto universitario de investigación presentar al Consejo de Gobierno un proyecto de reglamento de régimen interno?

a) En el plazo de seis meses a partir de la fecha de constitución.
b) En el plazo de tres meses a partir de la fecha de constitución.
c) En el plazo de dos meses a partir de la fecha de constitución.
d) En el plazo de un mes a partir de la fecha de constitución.

Solución al test n.º 14

1. d) Decreto 45/2013 de 28 de marzo.

2. a) Al día siguiente de su publicación.

3. b) 245 artículos.

4. a) Siete Títulos.

5. b) La mayoría absoluta de los miembros del Claustro.

6. b) La potestad para adquirir, poseer, reivindicar, permutar, gravar o enajenar toda clase de bienes de la universidad.

7. d) La participación en los órganos de gobierno, representación y gestión con arreglo a lo establecido en los Estatutos.

8. b) A la Universidad.

9. d) La Comunidad Autónoma.

10. d) Todas las respuestas anteriores son incorrectas.

11. d) La Comunidad Autónoma.

12. b) A la Universidad.

13. d) La Comunidad Autónoma.

14. c) Al Consejo de Gobierno.

15. b) Seis meses a partir de la fecha de creación de dicho centro.

16. c) El Consejo de Gobierno, previo informe favorable del Consejo Social.

17. a) El acuerdo favorable del Claustro.

18. c) La Gerencia.

19. a) Perteneciente al personal docente e investigador o al personal de administración y servicios, nombrado por el rector o la rectora.

20. d) El Consejo de Gobierno de la Universidad.

21. a) Del Consejo de Gobierno, previo informe favorable del Consejo Social.

22. b) Es un centro en el que se realizan funciones de investigación, docencia y difusión cultural en colaboración con los departamentos, centros o servicios que, por su naturaleza, están relacionados con él.

23. c) El Consejo Social.

24. c) Un mes.

25. a) En el plazo de seis meses a partir de la fecha de constitución.

TEST N.º 15

Los Estatutos de la Universitat de València (II). Título Segundo: De los órganos centrales de la Universitat. Título Tercero: De los estudios y de la investigación. Título Sexto: Del régimen jurídico de la universitat y de las garantías internas de los derechos e intereses. Capítulo Cuarto: De la Sindicatura Universitària de Greuges

1. En las Universidades públicas, las resoluciones del Rector y los acuerdos del Consejo Social, del Consejo de Gobierno y del Claustro Universitario:

a) No agotan la vía administrativa.
b) Agotan la vía administrativa.
c) Serán impugnables directamente ante la jurisdicción contencioso-administrativa.
d) Son correctas las respuestas b) y c).

2. ¿A quién le corresponde elaborar los Estatutos y las modificaciones de los mismos, así como reformular, en su caso, los textos inicialmente aprobados?

a) Al Rector.
b) Al Consejo de Gobierno.,
c) Al Consejo Social.
d) Al Claustro.

3. Los precios de las enseñanzas propias y cursos de especialización serán establecidos por:

a) La Comunidad Autónoma.
b) El Consejo de Universidades.
c) El Consejo de Gobierno de la Universidad.
d) El Consejo Social de la Universidad.

4. Proponer al Consejo Social la asignación singular e individual de los complementos retributivos del personal docente e investigador contratado y funcionario es una competencia:

a) Del Rectorado.
b) Del Consejo de Gobierno.
c) De la Comunidad Autónoma.
d) Del Claustro Universitario.

5. Adscribir provisionalmente a los funcionarios docentes en excedencia voluntaria es una competencia:

a) Del Gerente o de la Gerenta.
b) Del Rector o de la Rectora.
c) De la Comunidad Autónoma.
d) Del Consejo de Gobierno.

6. El Decano o la Decana o el Director o la Directora del centro es elegido para un periodo de:

a) Tres años y sin posibilidad de reelección.
b) Tres años y con posibilidad de solo una reelección consecutiva.
c) Cuatro años y sin posibilidad de reelección consecutiva.
d) Cuatro años y con posibilidad de solo una reelección consecutiva.

7. El Rector o la Rectora podrá adoptar, en caso de urgencia y de modo provisional, las disposiciones y actos que, correspondiendo a la competencia de la Universitat y no estando atribuidas por ley a otros órganos de la misma, sean necesarios para el cumplimiento de sus fines. Simultáneamente, deberá acordar la convocatoria del órgano ordinariamente competente y la inclusión del asunto en el orden del día. Esta competencia:

a) Es delegable.
b) Será delegable en determinados supuestos.
c) No es delegable.
d) Todas las respuestas son incorrectas.

8. Las competencias atribuidas por los Estatutos al Rector o la Rectora pueden ser, salvo que lo prohíban la ley o los Estatutos, objeto de:

a) Desconcentración.
b) Avocación.
c) Revocación.
d) Todas las respuestas anteriores son correctas.

9. El Rector o la Rectora es elegido por la comunidad universitaria, por un periodo de:

a) Cuatro años y con posibilidad de solo una reelección consecutiva.
b) Cinco años y con posibilidad de solo una reelección consecutiva.
c) Cuatro años, no pudiendo ser reelegido.
d) Cinco años, no pudiendo ser reelegido.

10. Sin perjuicio de lo dispuesto respecto de la moción de censura al Rector o Rctora, el Consejo de Gobierno, una vez convocada la elección para la renovación total del Claustro, convocará la elección del Rector o la Rectora al menos:

a) Con un mes de antelación.
b) Con 45 días de antelación.
c) Con dos meses de antelación.
d) Con 75 días de antelación.

11. Las candidaturas al Rectorado deberán ser presentadas al menos:

a) 20 días antes de la fecha de la elección.
b) 30 días antes de la fecha de la elección.
c) 40 días antes de la fecha de la elección.
d) 50 días antes de la fecha de la elección.

12. La Junta Electoral hará la proclamación provisional de los candidatos o las candidatas a Rector o Rectora el día hábil siguiente al de la finalización del plazo de presentación de candidaturas. La Junta Electoral hará la proclamación definitiva de las candidaturas:

a) Tres días después de la proclamación provisional.
b) Cinco días después de la proclamación provisional.
c) Siete días después de la proclamación provisional.
d) Diez días después de la proclamación provisional.

13. Los candidatos o las candidatas a Rector/a podrán presentar ante la Junta Electoral su programa y los nombres de los miembros de su equipo para su difusión entre la comunidad universitaria por los medios que estime oportunos en el plazo de:

a) Tres días a partir de la proclamación definitiva.
b) Cinco días a partir de la proclamación definitiva.
c) Siete días a partir de la proclamación definitiva.
d) Diez días a partir de la proclamación definitiva.

14. Si ninguno de los candidatos o candidatas a Rector/a obtiene la mayoría prevista en los Estatutos se realizará una segunda votación entre las dos candidaturas que hayan obtenido más votos ponderados en la primera. La segunda votación se celebrará en un día comprendido entre:

a) El cuarto y el decimotercer siguientes a la fecha de la primera.
b) El quinto y el decimocuarto siguientes a la fecha de la primera.
c) El sexto y el decimoquinto siguientes a la fecha de la primera.
d) El séptimo y el decimosexto siguientes a la fecha de la primera.

15. El Claustro puede acordar la revocación del Rector o la Rectora mediante la aprobación de una moción de censura:

a) Por las dos terceras partes de sus miembros.
b) Por las tres quintas partes de sus miembros.
c) Por las tres cuartas partes de sus miembros.
d) Por la mayoría absoluta de sus miembros.

16. La moción de censura al Rector habrá de incluirse como punto único del orden del día en una solicitud de convocatoria de Claustro firmada, al menos, por:

a) La mayoría absoluta de sus miembros.
b) La mayoría simple de sus miembros.
c) Un tercio de sus miembros.
d) Una cuarta parte de sus miembros.

17. Aprobará el reglamento del procedimiento electoral de elecciones a Rector/a:

a) La Comunidad Autónoma.
b) El Consejo Social.
c) El Consejo de Gobierno.
d) El Claustro.

18. A tenor del artículo 224 de los Estatutos, la Universitat está investida de prerrogativas y potestades. Señala de entre las siguientes cuál no es una de ellas:

a) Las potestades de revisión de oficio de sus actos y acuerdos y de declaración de lesividad de los mismos.
b) La inembargabilidad de sus bienes y derechos en los términos previstos en las leyes, las prelaciones y preferencias reconocidas a la hacienda pública para los créditos de la misma, sin perjuicio de las que correspondan a las haciendas del Estado y de la Generalitat.
c) La presunción de imparcialidad de sus actos.
d) La potestad de investigación, deslinde y recuperación de oficio de sus bienes.

19. A tenor del artículo 228 de los Estatutos de la Universitat de València, el Registro General de la Universitat:

a) Permanecerá abierto al público en general todos los días hábiles durante las horas previstas en la legislación aplicable.

b) Permanecerá abierto solo a la comunidad universitaria de lunes a viernes durante las horas previstas en la legislación aplicable.

c) Permanecerá abierto solo a la comunidad universitaria todos los días hábiles de 9 a 14 horas.

d) Permanecerá abierto al público en general todos los días hábiles de 9 a 14 horas.

20. La presidencia de un órgano colegiado de la Universidad deberá incluir en el orden del día los asuntos que los miembros del mismo le propongan a solicitud de un:

a) 10 % de tales miembros.
b) 15 % de tales miembros.
c) 20 % de tales miembros.
d) 25 % de tales miembros.

21. La convocatoria de los órganos colegiados, acompañada del orden del día y de un anexo documental suficiente, deberá cursarse:

a) Con 24 horas de antelación.
b) Con 48 horas de antelación.
c) Con tres días de antelación.
d) Con una semana de antelación.

22. Si por causa de urgencia dicha antelación fuera menor, para la validez de la convocatoria será necesario que la apreciación de la urgencia sea ratificada por:

a) La mayoría simple de los miembros del órgano.
b) La mayoría absoluta de los miembros del órgano.
c) Un tercio de los miembros del órgano.
d) Dos tercios de los miembros del órgano.

23. A tenor del artículo 85 de los Estatutos, el Claustro será convocado por el Rector o la Rectora:

a) Como mínimo una vez al año y siempre que lo solicite el 20 % de los miembros del Claustro.

b) Como mínimo dos veces al año y siempre que lo solicite el 10 % de los miembros del Claustro.

c) Como mínimo tres veces al año y siempre que lo solicite el 30 % de los miembros del Claustro.

d) Como mínimo una vez al año y siempre que lo solicite el 10 % de los miembros del Claustro.

24. El Claustro está formado por el Rector o la Rectora, que lo preside, el Secretario o la Secretaria general, que lo es del Claustro, el Gerente y por:

a) 250 miembros más.
b) 300 miembros más.
c) 325 miembros más.
d) 350 miembros más.

25. El Claustro será convocado por el Rector o la Rectora, como mínimo:

a) Una vez cada dos meses.
b) Una vez cada tres meses.
c) Una vez cada seis meses.
d) Una vez al año.

26. El Claustro deberá ser convocado al menos con 15 días naturales de antelación. En caso de urgencia podrá ser convocado con una antelación mínima de:

a) 5 días hábiles.
b) 72 horas.
c) 48 horas.
d) 24 horas.

27. ¿Cuántos miembros del Consejo Social forman parte del Consejo de Gobierno de la Universidad?

a) Tres miembros, pertenecientes a la propia comunidad universitaria.
b) Tres miembros, no pertenecientes a la propia comunidad universitaria.
c) Dos miembros, pertenecientes a la propia comunidad universitaria.
d) Dos miembros, no pertenecientes a la propia comunidad universitaria.

28. El pleno del Consejo de Gobierno debe reunirse, al menos:

a) Una vez cada dos meses.
b) Una vez cada tres meses.
c) Una vez cada seis meses.
d) Una vez al año.

29. El Síndico o la Síndica de Greuges es elegido entre los miembros de la comunidad universitaria por:

a) El Rector/a.
b) El Consejo de Gobierno.
c) El Consejo Social.
d) El Claustro.

30. La Junta de Centro se reunirá, al menos:

a) Una vez cada dos meses.
b) Una vez cada tres meses.
c) Una vez cada seis meses.
d) Una vez al año.

31. Forman parte de la Junta de Centro, el Decano o la Decana o el Director o la Directora, que la preside, y un máximo de:

a) 30 miembros.
b) 40 miembros.
c) 50 miembros.
d) 60 miembros.

32. ¿Cuántos miembros, en representación de los y las estudiantes, componen el Consejo de Gobierno?

a) Nueve.
b) Cinco.
c) Cuatro.
d) Uno.

33. De los 60 miembros que componen la Junta de Centro, ¿qué porcentaje en representación del personal investigador en formación vinculado a los departamentos o secciones departamentales adscritos al centro, forma parte de la misma?

a) Un 6 %.
b) Un 3 %.
c) Un 30 %.
d) Un 10 %.

34. La Junta de Centro debe ser renovada totalmente, ¿cada cuánto tiempo?

a) Cada tres años sin excepción.
b) Cada cinco años.
c) Cada diez años.
d) Ninguna es correcta.

35. La condición de Síndico o Síndica o de Vicesíndico o Vicesíndica de la Sindicatura Universitària de Greuges es incompatible, en todo caso, con la siguiente:

a) Miembro de alguna comisión de los órganos centrales de la Universitat.
b) Miembro del Comité de Empresa.
c) Administrador o administradora de centro o equivalentes.
d) Todas las respuestas anteriores con correctas.

36. Antes de la admisión a trámite de la queja o en el acto de admitirla, el Síndico o la Síndica de Greuges solicitará informe al órgano o a la persona a quien se atribuya la causa de la queja; continuará el procedimiento si el informe no fuera emitido:

a) En el plazo de 10 días desde la recepción de dicha solicitud.
b) En el plazo de 15 días desde la recepción de dicha solicitud.
c) En el plazo de 20 días desde la recepción de dicha solicitud.
d) En el plazo de 30 días desde la recepción de dicha solicitud.

37. Tanto el síndico o la síndica como los vicesíndicos o las vicesíndicas tendrán dedicación a tiempo completo o exclusiva si tienen la condición de personal docente e investigador o de administración y servicios, respectivamente. En ambos casos, disfrutarán de una reducción, al menos:

a) De la quinta parte de sus obligaciones como personal docente e investigador o personal de administración y servicios.
b) De la cuarta parte de sus obligaciones como personal docente e investigador o personal de administración y servicios.
c) De la tercera parte de sus obligaciones como personal docente e investigador o personal de administración y servicios.
d) De la mitad de sus obligaciones como personal docente e investigador o personal de administración y servicios.

38. Para la válida constitución del pleno y de las comisiones del Consejo de Gobierno en primera convocatoria, bastará la presencia de:

a) Las tres quintas partes de los miembros del órgano.
b) La mitad de los miembros del órgano.
c) Un tercio de los miembros, además de la del Rector o la Rectora y del Secretario o la Secretaria general o de quienes deban sustituirles.
d) La mitad de los miembros del órgano, además de la del Rector o la Rectora y del Secretario o la Secretaria general o de quienes deban sustituirles.

39. ¿A quién le corresponde proponer la creación de títulos y diplomas propios de la Universidad de Valencia?

a) Al Rector.
b) Al Claustro.
c) A la Junta de Centro.
d) Al Consejo Social.

40. Aprobar los reglamentos de los procedimientos de admisión de estudiantes, de gestión de matrícula y de expedientes académicos, de revisión de calificaciones y de concesión de los premios extraordinarios es una competencia:

a) Del Consejo de Gobierno.
b) Del Rector/a.
c) Del Consejo Social.
d) Del Claustro Universitario.

41. La Sindicatura Universitaria de Greuges:

a) Solo podrá actuar mediante iniciativa colectiva.
b) Podrá actuar por iniciativa propia, sin que nadie, individual o colectivamente, lo haya solicitado.
c) Solo podrá actuar mediante iniciativa individual o colectiva, pero no por iniciativa propia.
d) Solo podrá actuar mediante iniciativa colectiva de un grupo de estudiantes.

42. ¿Cuál de las siguientes afirmaciones respecto a la Sindicatura Universitaria de Greuges es cierta?

a) El síndico o la síndica es elegido por la misma mayoría que los vicesíndicos o vicesíndicas.
b) El síndico o la síndica es elegido por mayoría absoluta, pero los vicesíndicos o vicesíndicas son elegidos por mayoría simple.
c) Tanto los síndicos o síndicas como los vicesíndicos o vicesíndicas son elegidos por mayoría absoluta.
d) El síndico o la síndica es elegido por mayoría simple, y los vicesíndicos o vicesíndicas por la mayoría que se determine reglamentariamente por el Claustro.

43. ¿Puede la Sindicatura Universitaria de Greuges realizar una moción de reprobación contra la persona titular del órgano o personas que de forma reiterada desatienda los requerimientos que la Sindicatura le dirija?

a) No.
b) Sí, y también puede cesarlos en casos muy graves.
c) Sí, si el Claustro le autoriza a ello.
d) Sí, y solo de repetirse tal desobediencia, puede cesarlos.

44. La Sindicatura Universitaria de Greuges ejerce las funciones que están atribuidas a la figura del Defensor universitario:

a) Reglamentariamente.
b) Convencionalmente.
c) Mediante acuerdo entre todos los representantes de la comunidad universitaria.
d) Legalmente.

45. El síndico o síndica de la Sindicatura Universitaria de Greuges:

a) Puede repetir mandato, sin limitación en cuanto a su número.
b) Puede repetir un solo mandato.
c) No puede repetir mandato.
d) Puede repetir un solo mandato consecutivo.

46. Los estudios que van dirigidos a la difusión y la divulgación social de los conocimientos, la ciencia y la cultura son:

a) Los que corresponden a los estudios de postgrado.
b) Los que corresponden a los estudios de extensión universitaria.
c) Los que corresponden a los estudios de grado.
d) Los que corresponden a los estudios de especialización profesional.

47. Indique cuál de los siguientes NO es un objetivo de la investigación:

a) La formación de investigadores e investigadoras, para su posterior incorporación a centros de investigación, públicos o privados, o al resto del sistema productivo.
b) El incremento de los conocimientos básicos y del bienestar de la sociedad, con atención preferente a la realidad y al análisis de las necesidades de la Comunidad Valenciana.
c) El desarrollo de una cultura crítica transformadora de la realidad social que respete la diversidad cultural y la igualdad democrática.
d) Ninguna de las respuestas anteriores es correcta.

Solución al test n.º 15

1. d) Son correctas las respuestas b) y c).

2. d) Al Claustro.

3. d) El Consejo Social de la Universidad.

4. b) Del Consejo de Gobierno.

5. b) Del Rector o de la Rectora.

6. b) Tres años y con posibilidad de solo una reelección consecutiva.

7. c) No es delegable.

8. d) Todas las respuestas anteriores son correctas.

9. a) Cuatro años y con posibilidad de solo una reelección consecutiva.

10. c) Con dos meses de antelación.

11. c) 40 días antes de la fecha de la elección.

12. b) Cinco días después de la proclamación provisional.

13. c) Siete días a partir de la proclamación definitiva.

14. c) El sexto y el decimoquinto siguientes a la fecha de la primera.

15. a) Por las dos terceras partes de sus miembros.

16. c) Un tercio de sus miembros.

17. d) El Claustro.

18. c) La presunción de imparcialidad de sus actos.

19. a) Permanecerá abierto al público en general todos los días hábiles durante las horas previstas en la legislación aplicable.

20. a) 10 % de tales miembros.

21. b) Con 48 horas de antelación.

22. b) La mayoría absoluta de los miembros del órgano.

23. d) Como mínimo una vez al año y siempre que lo solicite el 10 % de los miembros del Claustro.

24. b) 300 miembros más.

25. d) Una vez al año.

26. d) 24 horas.

27. b) Tres miembros, no pertenecientes a la propia comunidad universitaria.

28. a) Una vez cada dos meses.

29. d) El Claustro.

30. b) Una vez cada tres meses.

31. d) 60 miembros.

32. b) Cinco.

33. b) Un 3 %.

34. d) Ninguna es correcta.

35. d) Todas las respuestas anteriores con correctas.

36. b) En el plazo de 15 días desde la recepción de dicha solicitud.

37. c) De la tercera parte de sus obligaciones como personal docente e investigador o personal de administración y servicios.

38. b) La mitad de los miembros del órgano.

39. c) A la Junta de Centro.

40. a) Del Consejo de Gobierno.

41. b) Podrá actuar por iniciativa propia, sin que nadie, individual o colectivamente, lo haya solicitado.

42. a) El síndico o la síndica es elegido por la misma mayoría que los vicesíndicos o vicesíndicas.

43. a) No.

44. d) Legalmente.

45. c) No puede repetir mandato.

46. b) Los que corresponden a los estudios de extensión universitaria.

47. d) Ninguna de las respuestas anteriores es correcta.

TEST N.º 16

La Ley Orgánica 3/2007, de 22 de marzo, para la Igualdad Efectiva de Mujeres y Hombres

1. Según el artículo 9.2 de la Constitución, "corresponde a los poderes públicos .... las condiciones para que la libertad y la igualdad del individuo y de los grupos en que se integra sean reales y efectivas; .... los obstáculos que impidan o dificulten su plenitud y .... la participación de todos los ciudadanos en la vida política, económica, cultural y social." ¿Qué tres verbos faltan en la anterior frase?

a) Promover, remover y facilitar.
b) Impulsar, superar y posibilitar.
c) Crear, eliminar y alentar.
d) Facilitar, disminuir y promover.

2. ¿Qué título de la LO 3/2007, de 22 de marzo, para la igualdad efectiva de mujeres y hombres, trata sobre el principio de igualdad en el empleo público?

a) Título II.
b) Título IV.
c) Título V.
d) Título VI.

3. Según su artículo 1, la LO 3/2007 tiene por objeto hacer efectivo el derecho de:

a) Conciliación de la vida laboral y familiar de mujeres y hombres.
b) Igualdad de trato y de oportunidades entre mujeres y hombres.
c) Participación en los asuntos públicos en igualdad de condiciones.
d) No discriminación por razón de sexo.

4. Las obligaciones establecidas en la LO 3/2007 son de aplicación:

a) A toda persona, física o jurídica, que se encuentre o actúe en territorio español, cualquiera que fuese su nacionalidad, domicilio o residencia.
b) A todos los ciudadanos españoles, ya sea en territorio español o territorio de cualquier país extranjero.

c) A toda persona, física o jurídica, que se encuentre o actúe en territorio español, con nacionalidad española.

d) A toda persona, física o jurídica, que resida en territorio español, cualquiera que fuese su nacionalidad.

5. La LO 3/2007 entró en vigor el 24 de marzo de 2007, con una excepción que entró en vigor el 31 de diciembre de 2008:

a) Lo previsto en el artículo 19 sobre la obligatoriedad de los proyectos de disposiciones de carácter general de incorporar un informe sobre su impacto por razón de género.

b) Lo previsto en el artículo 44.3., referente al reconocimiento a los padres del derecho a un permiso y una prestación por paternidad.

c) Lo previsto en el artículo 49, sobre la implantación de planes de igualdad en las pequeñas y medianas empresas.

d) Lo previsto en el artículo 71.2., referente a costes relacionados con el embarazo y el parto en contratos de seguros o servicios financieros.

6. Según el artículo 4 de la LO 3/2007, la igualdad de trato y de oportunidades entre mujeres y hombres:

a) Es un deber de las Administraciones Públicas.

b) Es una fuente formal del Derecho.

c) Es un principio informador del ordenamiento jurídico.

d) Es un objetivo fundamental del procedimiento administrativo.

7. Señala la respuesta incorrecta. Según el artículo 3 de la LO 3/2007, el principio de igualdad de trato entre mujeres y hombres supone la ausencia de toda discriminación, directa o indirecta, por razón de sexo, y especialmente, las derivadas de:

a) La maternidad.

b) La tendencia sexual.

c) La asunción de obligaciones familiares.

d) El estado civil.

8. La situación en que se encuentra una persona que sea, haya sido o pudiera ser tratada, en atención a su sexo, de manera menos favorable que otra en situación comparable, se considera:

a) Discriminación directa.

b) Acoso sexual.

c) Discriminación indirecta.

d) Violencia de género.

9. Cualquier comportamiento realizado en función del sexo de una persona, con el propósito o el efecto de atentar contra su dignidad y de crear un entorno intimidatorio, degradante u ofensivo, constituye:

a) Discriminación directa.
b) Acoso sexual.
c) Acoso por razón de sexo.
d) Discriminación indirecta.

10. Los actos y las cláusulas de los negocios jurídicos que constituyan o causen discriminación por razón de sexo se considerarán:

a) Válidos, pero anulables.
b) Nulos y sin efecto.
c) Ilegales.
d) Nulos, pero con efectos.

11. Con el fin de hacer efectivo el derecho constitucional de la igualdad, los Poderes Públicos adoptarán medidas específicas en favor de las mujeres para corregir situaciones patentes de desigualdad de hecho respecto de los hombres. Tales medidas, que serán aplicables en tanto subsistan dichas situaciones, habrán de ser en relación con el objetivo perseguido en cada caso, razonables y:

a) Justificadas.
b) Autorizadas judicialmente.
c) Transparentes.
d) Proporcionadas.

12. El artículo 14 de la LO 3/2007 señala como uno de los criterios generales de actuación de los Poderes Públicos para el cumplimiento de los fines de esta ley, la participación equilibrada de mujeres y hombres en:

a) Los órganos colegiados de organismos públicos.
b) Los órganos directivos de las empresas de más de 250 trabajadores.
c) Los tribunales de selección y de decisión.
d) Las candidaturas electorales y en la toma de decisiones.

13. Según el artículo 15 de la LO 3/2007, el principio de igualdad de trato y oportunidades entre mujeres y hombres informará la actuación de todos los Poderes Públicos, con carácter:

a) General.
b) Transversal.
c) Integral.
d) Global.

14. El artículo 20 de la LO 3/2007 establece una serie de medidas obligatorias a las que se someterán los estudios y estadísticas que elaboren los poderes públicos. ¿Cuál de las siguientes es una de dichas medidas?

a) Excluir sistemáticamente la variable de sexo en las estadísticas, encuestas y recogida de datos que lleven a cabo.

b) Realizar muestras lo suficientemente amplias para evitar que las diversas variables incluidas puedan ser explotadas y analizadas en función de la variable de sexo.

c) Explotar los datos de que disponen de modo que se puedan conocer las diferentes situaciones, condiciones, aspiraciones y necesidades de mujeres y hombres en los diferentes ámbitos de intervención.

d) Establecer e incluir en las operaciones estadísticas nuevos indicadores que posibiliten un mejor conocimiento de las similitudes en los valores, roles, situaciones, condiciones, aspiraciones y necesidades de mujeres y hombres.

15. Conforme al artículo 21 de la LO 3/2007, la Administración General del Estado y las Administraciones de las Comunidades Autónomas cooperarán para integrar el derecho de igualdad entre mujeres y hombres en el ejercicio de sus respectivas competencias y, en especial, en sus actuaciones de:

a) Supervisión.
b) Planificación.
c) Regulación.
d) Dirección.

16. Conforme al artículo 22 de la LO 3/2007, las corporaciones locales, con el fin de avanzar hacia un reparto equitativo de los tiempos entre mujeres y hombres, podrán establecer:

a) Planes Municipales de Empleo con perspectiva de género.
b) Ordenanzas de regulación del tiempo.
c) Ordenanzas o Edictos de representación equilibrada en los tiempos de la ciudad.
d) Planes Municipales de organización del tiempo de la ciudad.

17. Conforme al artículo 26 de la LO 3/2007, los distintos organismos, agencias, entes y demás estructuras de las Administraciones Públicas que de modo directo o indirecto configuren el sistema de gestión cultural, desarrollarán entre otras actuaciones, adoptar iniciativas destinadas a favorecer la promoción específica de las mujeres en la cultura y a combatir su discriminación estructural y/o:

a) Difusa.
b) Generacional.
c) Ambigua.
d) Encubierta.

18. Según el artículo 39 de la LO 3/2007, las Administraciones Públicas promoverán, para contribuir al cumplimiento de la legislación en materia de igualdad entre mujeres y hombres, la adopción por parte de los medios de comunicación de:

a) Planes de Igualdad.
b) Libros de Estilo de Lenguaje no sexista.
c) Acuerdos de Autorregulación.
d) Planes Estratégicos de Igualdad de Oportunidades.

19. En relación con los Planes de Igualdad de las Empresas, es cierto que:

a) Son obligatorios en todas las empresas de más de 10 trabajadores.
b) Se referirán a unidades organizativas dentro de la Empresa, sin perjuicio del establecimiento de acciones especiales adecuadas a la totalidad de la Empresa.
c) Son un conjunto ordenado de medidas, adoptadas después de realizar un diagnóstico de situación.
d) No pueden tratar materias de retribuciones o de organización del tiempo de trabajo.

20. La Disposición Adicional Primera de la LO 3/2007 determina que se entenderá por composición equilibrada la presencia de mujeres y hombres de forma que, en el conjunto al que se refiera, las personas de cada sexo:

a) No superen el 55 % ni sean menos del 45 %.
b) No superen el 70 % ni sean menos del 30 %.
c) No superen el 60 % ni sean menos del 40 %.
d) No superen el 65 % ni sean menos del 35 %.

21. El Capítulo III del Título V de la LO 3/2007 establece una serie de medidas que han de aplicarse obligatoriamente en la Administración General del Estado y en los organismos públicos vinculados o dependientes de ella, para favorecer la igualdad en el empleo público. Entre ellas figura:

a) Siempre que se apruebe la celebración de convocatorias de pruebas selectivas para el acceso al empleo público, sin excepción, se incluirá un informe de impacto de género.
b) En las bases de los concursos para la provisión de puestos de trabajo se computará, a los efectos de valoración del trabajo desarrollado y de los correspondientes méritos, el tiempo que las personas candidatas hayan permanecido en excedencia, reducción de jornada o permisos relacionados con la maternidad.
c) Cuando el período de vacaciones coincida con una incapacidad temporal derivada del embarazo, parto o lactancia natural, o con el permiso de maternidad, o con su ampliación por lactancia, la empleada pública tendrá derecho a disfrutar las vacaciones en fecha distinta, siempre que no haya terminado el año natural al que correspondan.

d) Preferencia por tiempo indefinido, en la adjudicación de plazas para participar en los cursos de formación a quienes se hayan incorporado al servicio activo procedentes del permiso de maternidad o paternidad, o hayan reingresado desde la situación de excedencia por razones de guarda legal y atención a personas mayores dependientes o personas con discapacidad.

22. Según el artículo 60.2. de la LO 3/2007, con el fin de facilitar la promoción profesional de las empleadas públicas y su acceso a puestos directivos en la Administración General del Estado y en los organismos públicos vinculados o dependientes de ella, en las convocatorias de los correspondientes cursos de formación se reservará para su adjudicación a aquellas que reúnan los requisitos establecidos, al menos:

a) Un 40 % de las plazas.
b) Un 50 % de las plazas.
c) Un 60 % de las plazas.
d) Un 75 % de las plazas.

23. Los Capítulos IV y V del Título V de la LO 3/2007 recogen expresamente el respeto que han de tener las normas sobre personal de las Fuerzas Armadas y las normas reguladoras de las Fuerzas y Cuerpos de Seguridad del Estado, al principio de igualdad, impidiendo cualquier situación de discriminación sobre todo en lo referente al sistema de acceso, formación, ascensos, destinos y:

a) Jornada de trabajo.
b) Retribuciones.
c) Vacaciones.
d) Situaciones administrativas.

24. El artículo 69.3 de la LO 3/2007 dispone que serán admisibles las diferencias de trato en el acceso a bienes y servicios cuando estén justificadas por un propósito legítimo y los medios para lograrlo sean:

a) Pactados y formalizados por escrito.
b) Adecuados y necesarios.
c) Temporales y transparentes.
d) Imprescindibles e inevitables.

25. ¿Qué plazo otorgó la LO 3/2007, a partir de su entrada en vigor, a las sociedades mercantiles obligadas a presentar cuenta de pérdidas y ganancias no abreviada para incluir en su Consejo de administración un número de mujeres que permita alcanzar una presencia equilibrada de mujeres?

a) 1 año.
b) 3 años.

c) 4 años.
d) 8 años.

26. ¿Qué órgano crea la LO 3/2007, en su artículo 78, como órgano colegiado de consulta y asesoramiento, con el fin esencial de servir de cauce para la participación de las mujeres en la consecución efectiva del principio de igualdad de trato y de oportunidades entre mujeres y hombres, y la lucha contra la discriminación por razón de sexo?

a) La Comisión Interministerial de Igualdad entre mujeres y hombres.
b) La Conferencia Sectorial de igualdad entre mujeres y hombres.
c) El Consejo de Participación de la Mujer.
d) El Instituto Nacional de la Mujer.

Solución al test n.º 16

1. a) Promover, remover y facilitar.

2. c) Título V.

3. b) Igualdad de trato y de oportunidades entre mujeres y hombres.

4. a) A toda persona, física o jurídica, que se encuentre o actúe en territorio español, cualquiera que fuese su nacionalidad, domicilio o residencia.

5. d) Lo previsto en el artículo 71.2, referente a costes relacionados con el embarazo y el parto en contratos de seguros o servicios financieros.

6. c) Es un principio informador del ordenamiento jurídico.

7. b) La tendencia sexual.

8. a) Discriminación directa.

9. c) Acoso por razón de sexo.

10. b) Nulos y sin efecto.

11. d) Proporcionadas.

12. d) Las candidaturas electorales y en la toma de decisiones.

13. b) Transversal.

14. c) Explotar los datos de que disponen de modo que se puedan conocer las diferentes situaciones, condiciones, aspiraciones y necesidades de mujeres y hombres en los diferentes ámbitos de intervención.

15. b) Planificación.

16. d) Planes Municipales de organización del tiempo de la ciudad.

17. a) Difusa.

18. c) Acuerdos de Autorregulación.

19. c) Son un conjunto ordenado de medidas, adoptadas después de realizar un diagnóstico de situación.

20. c) No superen el 60 % ni sean menos del 40 %.

21. b) En las bases de los concursos para la provisión de puestos de trabajo se computará, a los efectos de valoración del trabajo desarrollado y de los correspondientes méritos, el tiempo que las personas candidatas hayan permanecido en excedencia, reducción de jornada o permisos relacionados con la maternidad.

22. a) Un 40 % de las plazas.

23. d) Situaciones administrativas.

24. b) Adecuados y necesarios.

25. d) 8 años.

26. c) El Consejo de Participación de la Mujer.

TEST N.º 17

La Ley 31/1995, de 8 de noviembre, de prevención de riesgos laborales (excepto los capítulos VI y VII)

1. La función de vigilancia y control de la normativa sobre prevención de riesgos laborales corresponde:

a) A la Dirección General de Personal y Desarrollo Profesional.
b) A la Delegación Provincial de Trabajo.
c) A la Inspección de Trabajo y Seguridad Social.
d) Al Servicio de Medicina Preventiva.

2. ¿Qué se entiende por "riesgo laboral"?

a) La posibilidad de que un trabajador sufra un determinado daño derivado del trabajo.
b) La posibilidad de que un trabajador sufra una enfermedad en el trabajo.
c) La posibilidad de que un trabajador sufra acoso.
d) El riesgo que supone el ir a trabajar.

3. ¿Quién debe garantizar a los trabajadores la vigilancia periódica de su estado de salud en función de los riesgos inherentes al trabajo?

a) La Inspección de Trabajo.
b) El propio trabajador.
c) El empresario.
d) Las secciones sindicales.

4. El derecho básico reconocido a los trabajadores por la Ley 31/1995, de 8 de noviembre, es:

a) La vigilancia de su estado de salud.
b) Una protección eficaz en materia de seguridad y salud en el trabajo.
c) La formación en materia preventiva.
d) La información, consulta y participación.

5. Indica cuál es la definición de prevención:

a) La probabilidad racional de que un riesgo se materialice de forma inminente.

b) El estudio de los procesos potencialmente peligrosos para el trabajo.

c) Conjunto de actividades o medidas adoptadas o previstas en todas las fases de actividad de la empresa con el fin de evitar o disminuir los riesgos derivados del trabajo.

d) Posibilidad de que un trabajador sufra un determinado daño derivado del trabajo.

6. Señala la respuesta incorrecta:

a) La Ley de Prevención de Riesgos Laborales se aplica a los operativos de Seguridad civil en casos de catástrofe.

b) La Ley de Prevención de Riesgos Laborales se aplica a las sociedades cooperativas.

c) En el ámbito de la relación laboral de carácter especial del servicio del hogar familiar, las personas trabajadoras tienen derecho a una protección eficaz en materia de seguridad y salud en el trabajo.

d) En los establecimientos penitenciarios, se adaptarán a la Ley de Prevención de Riesgos Laborales aquellas actividades cuyas características justifiquen una regulación especial.

7. ¿Cuál es la vigente Ley de Prevención de Riesgos Laborales?

a) Ley 32/1995, de 8 de noviembre.

b) Ley 30/1996, de 8 de noviembre.

c) Ley 31/1995, de 6 de noviembre.

d) Ley 31/1995, de 8 de noviembre.

8. Entre los principios de la acción preventiva recogidos por el artículo 15 de la Ley de Prevención de Riesgos Laborales, no figura:

a) Evitar los riesgos.

b) Evaluar los riesgos que se puedan evitar.

c) Tener en cuenta la evolución de la técnica.

d) Dar las debidas instrucciones a los trabajadores.

9. Entre las obligaciones de los trabajadores recogidas por la Ley de Prevención de Riesgos Laborales, no figura:

a) Informar directamente al empresario de cualquier situación que entrañe riesgo para la seguridad o salud de los trabajadores.

b) Contribuir al cumplimiento de las obligaciones establecidas por la autoridad competente con el fin de proteger la seguridad y la salud de los trabajadores en el trabajo.

c) Cooperar con el empresario para que este pueda garantizar unas condiciones de trabajo que sean seguras y no entrañen riesgos para la seguridad y la salud de los trabajadores.

d) Utilizar correctamente los medios y equipos de protección facilitados por el empresario, de acuerdo con las instrucciones recibidas de este.

10. ¿Qué función corresponde a la Inspección de Trabajo y Seguridad Social?

a) Únicamente la función de vigilancia sobre prevención de riesgos laborales.
b) Únicamente la función de control de la normativa sobre prevención de riesgos laborales.
c) Tanto la función de vigilancia como la de control de la normativa sobre prevención de riesgos laborales.
d) Otras funciones, ajenas a la materia de prevención de riesgos laborales.

11. El órgano científico técnico especializado de la Administración General del Estado que tiene como misión el análisis y estudio de las condiciones de seguridad y salud en el trabajo, así como la promoción y apoyo a la mejora de las mismas, es:

a) El Instituto Nacional de Seguridad y Salud en el Trabajo.
b) La Comisión Nacional de Seguridad y Salud en el Trabajo.
c) El Instituto Carlos III.
d) El Centro Nacional de Promoción y Cuidados de la Salud.

12. La Presidencia de la Comisión Nacional de Seguridad y Salud en el Trabajo, corresponde a:

a) El titular del Ministerio competente en materia de Sanidad.
b) El titular del Ministerio competente en materia de Empleo.
c) El Secretario de Estado de Empleo.
d) El Director del Instituto Nacional de Seguridad y Salud en el Trabajo.

13. ¿Qué capítulo de la Ley 31/1995, de Prevención de Riesgos Laborales se refiere a los derechos y obligaciones?

a) Capítulo 2.
b) Capítulo 3.
c) Capítulo 4.
d) Capítulo 5.

14. La evaluación de los riesgos laborales es:

a) Es un proceso técnico en la organización del trabajo.
b) Un proceso dirigido a estimar la magnitud de los riesgos que no hayan podido evitarse.
c) Es un procedimiento estático.
d) Es una práctica para el control y la protección de los trabajadores.

15. En los casos de concurrencia de trabajadores de varias empresas en un centro de trabajo cuando existe un empresario principal, uno de los deberes de vigilancia por parte de este, consistirá en:

a) Impulsar la regulación de esquemas organizativos, que eviten los accidentes de trabajo.
b) Comprobar que las empresas contratistas y subcontratistas concurrentes en su centro de trabajo han establecido los necesarios medios de coordinación entre ellas.

c) Asegurar la correcta utilización por parte de los trabajadores de las empresas concurrentes de los correspondientes dispositivos de seguridad disponibles.

d) Asegurarse de que los trabajadores concurrentes disponen de la formación preventiva correspondiente.

16. Cuando los trabajadores estén expuestos a un riesgo grave e inminente con ocasión de su trabajo, y el empresario no adopte o no permita la adopción de las medidas necesarias para garantizar la seguridad y la salud de los trabajadores, la Ley 31/1995, de 8 de noviembre, de Prevención de Riesgos Laborales prevé:

a) Los trabajadores afectados podrán paralizar la actividad.

b) El órgano de representación del personal instará formalmente al empresario a la adopción de las medidas necesarias.

c) Los Delegados de Prevención lo comunicarán a la autoridad laboral, que adoptará las medidas necesarias.

d) El órgano de representación de personal podrá acordar la paralización de la actividad.

17. Según establece el art. 4 de la Ley 31/1995, de 8 de noviembre, de Prevención de Riesgos Laborales, se define como daños derivados del trabajo:

a) La posibilidad de que un trabajador sufra un determinado daño derivado del trabajo.

b) El que resulte probable racionalmente que se materialice en un futuro inmediato y pueda suponer y pueda suponer un daño grave para la salud de los trabajadores.

c) Las enfermedades, patologías o lesiones sufridas con motivo u ocasión del trabajo.

d) Cualquier máquina, aparato, instrumento o instalación utilizada en el trabajo.

18. El art. 10 de la LPRL establece las actuaciones que le corresponderán a las Administraciones Públicas en materia sanitaria. De las siguientes respuestas señale la incorrecta:

a) El establecimiento de medios adecuados para la evaluación y control de las actuaciones de carácter sanitario que se realicen en empresas por los servicios de prevención actuantes.

b) La supervisión de la formación que, en materia de prevención y promoción de la salud laboral, deba recibir el personal sanitario actuante en los servicios de prevención autorizados.

c) Elaborar los informes solicitados por los Juzgados de lo social en las demandas deducidas ante los mismos en los procedimientos de accidentes de trabajo y enfermedades profesionales.

d) La elaboración y divulgación de estudios, investigaciones y estadísticas relacionados con la salud de los trabajadores.

19. El art. 21 de la LPRL establece los requisitos y el procedimiento para que los representantes legales de los trabajadores acuerden la paralización de la actividad de los trabajadores que están o puedan estar expuestos a un riesgo grave e inminente si el empresario no adopta las medidas necesarias para garantizar la seguridad y salud de los trabajadores. La medida será adoptada por:

a) Acuerdo por mayoría absoluta de sus miembros. Tal acuerdo será comunicado de inmediato a la empresa y a la autoridad laboral, la cual, en el plazo de 48 horas, anulará o ratificará la paralización acordada.

b) Acuerdo por mayoría de 2/3 de sus miembros. Tal acuerdo será comunicado de inmediato a la empresa y a la autoridad laboral, la cual, en el plazo de 24 horas, anulará o ratificará la paralización acordada.

c) Acuerdo por mayoría de sus miembros. Tal acuerdo será comunicado de inmediato a la empresa y a la autoridad laboral, la cual, en el plazo de 48 horas, anulará o ratificará la paralización acordada.

d) Acuerdo por mayoría de sus miembros. Tal acuerdo será comunicado de inmediato a la empresa y a la autoridad laboral, la cual, en el plazo de 24 horas, anulará o ratificará la paralización acordada.

20. El art. 23 de la LPRL establece la documentación que el empresario debe elaborar y conservar a disposición de la autoridad laboral. De las siguientes no está incluido:

a) El Plan de prevención de riesgos laborales.
b) Evaluación de los riesgos para la seguridad y la salud en el trabajo.
c) La planificación de la actividad laboral.
d) La relación de accidentes de trabajo y enfermedades profesionales que hayan causado al trabajador una incapacidad laboral superior a un día de trabajo.

21. Los instrumentos esenciales para la gestión y aplicación del Plan de prevención de riesgos laborales son:

a) La evaluación de riesgos y la planificación de la actividad preventiva.
b) La evaluación inicial de riesgos y la formación.
c) La planificación y la gestión de la actividad preventiva.
d) La identificación y la evaluación de los riesgos.

22. El posible cambio de puesto de trabajo con riesgo para una trabajadora embarazada:

a) Deberá realizarse en caso de imposibilidad de adaptación del propio puesto.
b) Se hará previo informe en tal sentido del Servicio de Prevención.
c) Se determinará por el empresario, y dará información a los representantes de los trabajadores.
d) Se extenderá al período de lactancia.

23. La prevención de riesgos laborales deberá integrarse en el sistema general de gestión de la empresa a través de:

a) La política preventiva.
b) El plan de prevención.
c) El consenso de las partes.
d) El poder de decisión del empresario.

24. El objeto y carácter de la norma de la Ley 31/95 de Prevención de Riesgos Laborales dice:

a) La presente Ley tiene por objeto promover la salud de los trabajadores mediante la aplicación de medidas y el desarrollo de las actividades necesarias para la prevención de riesgos derivados del trabajo.

b) La presente Ley tiene por objeto promover la seguridad y la salud de los trabajadores mediante la aplicación de medidas y el desarrollo de las actividades necesarias para la prevención de riesgos derivados del trabajo.

c) La presente Ley tiene por objeto promover la seguridad de los trabajadores mediante la aplicación de medidas y el desarrollo de las actividades necesarias para la prevención de riesgos derivados del trabajo.

d) La presente Ley tiene por objeto promover la seguridad, la salud de los trabajadores y la negociación entre empresa y delegados de prevención, mediante la aplicación de medidas y el desarrollo de las actividades necesarias para la prevención de riesgos derivados del trabajo.

25. Las normas reglamentarias en materia de prevención las dicta:

a) El Gobierno, a través de las correspondientes normas reglamentarias y previa consulta a las organizaciones sindicales y empresariales más representativas.

b) Los Delegados de Prevención.

c) Los Delegados de Prevención y el Empresario.

d) El Empresario.

26. La Comisión Nacional de Seguridad y Salud en el trabajo, está compuesta por:

a) Representantes de las organizaciones sindicales y empresariales.

b) Un representante de cada una de las Comunidades Autónomas y representantes de las organizaciones sindicales y empresariales.

c) Representantes de la Administración y representantes de las organizaciones sindicales y empresariales.

d) Un representante de cada una de las Comunidades Autónomas y por igual número de miembros de la Administración General del Estado y, paritariamente con todos los anteriores, por representantes de las organizaciones empresariales y sindicales más representativas.

27. La acción preventiva en la empresa:

a) Se planificará por el Comité de Seguridad y Salud a partir de una evaluación inicial de riesgos.

b) Se planificará por los Delegados de Prevención a partir de una evaluación inicial de riesgos.

c) Se planificará por el empresario a partir de una evaluación inicial de riesgos.

d) Se planificará por los Delegados de Personal a partir de una evaluación inicial de riesgos.

28. ¿Cuándo se deben utilizar los equipos de protección individual?

a) Siempre.
b) Cuando los riesgos no hayan sido evaluados.
c) Cuando los riesgos no se puedan evitar o no puedan limitarse.
d) Cuando el trabajador lo estime oportuno.

29. ¿Debe el trabajador prestar su consentimiento para que le realicen vigilancia de la salud?

a) No.
b) Sí.
c) Depende del número de trabajadores de la empresa.
d) Esta prestación es solo para personal fijo en la empresa.

30. La información y formación de los trabajadores, debe ser asesorada y apoyada a la empresa por:

a) Los Delegados de Prevención.
b) Las Secciones Sindicales.
c) La Inspección de Trabajo y Seguridad Social.
d) Los Servicios de Prevención.

Solución al test n.º 17

1. c) A la Inspección de Trabajo y Seguridad Social.

2. a) La posibilidad de que un trabajador sufra un determinado daño derivado del trabajo.

3. c) El empresario.

4. b) Una protección eficaz en materia de seguridad y salud en el trabajo.

5. c) Conjunto de actividades o medidas adoptadas o previstas en todas las fases de actividad de la empresa con el fin de evitar o disminuir los riesgos derivados del trabajo.

6. a) La Ley de Prevención de Riesgos Laborales se aplica a los operativos de Seguridad civil en casos de catástrofe.

7. d) Ley 31/1995, de 8 de noviembre.

8. b) Evaluar los riesgos que se puedan evitar.

9. a) Informar directamente al empresario de cualquier situación que entrañe riesgo para la seguridad o salud de los trabajadores.

10. c) Tanto la función de vigilancia como la de control de la normativa sobre prevención de riesgos laborales.

11. a) El Instituto Nacional de Seguridad y Salud en el Trabajo.

12. c) El Secretario de Estado de Empleo.

13. b) Capítulo 3.

14. b) Un proceso dirigido a estimar la magnitud de los riesgos que no hayan podido evitarse.

15. b) Comprobar que las empresas contratistas y subcontratistas concurrentes en su centro de trabajo han establecido los necesarios medios de coordinación entre ellas.

16. d) El órgano de representación de personal podrá acordar la paralización de la actividad.

17. c) Las enfermedades, patologías o lesiones sufridas con motivo u ocasión del trabajo.

18. c) Elaborar los informes solicitados por los Juzgados de lo social en las demandas deducidas ante los mismos en los procedimientos de accidentes de trabajo y enfermedades profesionales.

19. d) Acuerdo por mayoría de sus miembros. Tal acuerdo será comunicado de inmediato a la empresa y a la autoridad laboral, la cual, en el plazo de 24 horas, anulará o ratificará la paralización acordada.

20. c) La planificación de la actividad laboral.

21. a) La evaluación de riesgos y la planificación de la actividad preventiva.

22. a) Deberá realizarse en caso de imposibilidad de adaptación del propio puesto.

23. b) El plan de prevención.

24. b) La presente Ley tiene por objeto promover la seguridad y la salud de los trabajadores mediante la aplicación de medidas y el desarrollo de las actividades necesarias para la prevención de riesgos derivados del trabajo.

25. a) El Gobierno, a través de las correspondientes normas reglamentarias y previa consulta a las organizaciones sindicales y empresariales más representativas.

26. d) Un representante de cada una de las Comunidades Autónomas y por igual número de miembros de la Administración General del Estado y, paritariamente con todos los anteriores, por representantes de las organizaciones empresariales y sindicales más representativas.

27. c) Se planificará por el empresario a partir de una evaluación inicial de riesgos.

28. c) Cuando los riesgos no se puedan evitar o no puedan limitarse.

29. b) Sí.

30. d) Los Servicios de Prevención.

TEST N.º 18-19-20

Word 2016 (I): Crear, abrir y guardar un documento. Edición básica: seleccionar. Eliminar, deshacer y rehacer. Copiar, cortar y pegar. Buscar y reemplazar. Formato, carácter y párrafo. Diseño de página. Impresión

Word 2016 (II): Insertar tablas, encabezado y pie de página. Imágenes, imágenes en línea y formas

Word 2016 (III): Combinación de correspondencia. Revisión, ortografía y gramática

1. ¿Cuántos elementos como máximo puede almacenar el portapapeles en Word 2016?

a) 26.
b) 12.
c) 36.
d) 24.

2. ¿Qué hay que hacer para seleccionar un párrafo con el ratón en Word 2016?

a) Hacer doble clic sobre el párrafo a seleccionar.
b) Hacer triple clic sobre el párrafo a seleccionar.
c) Hacer triple clic sobre el párrafo a seleccionar con la tecla Ctrl pulsada.
d) Hacer doble clic sobre el párrafo a seleccionar con la tecla Alt pulsada.

3. Si al escribir (c) se transforma en © en Word 2016, ¿qué función se ha activado?

a) Autotexto.
b) Autocorrección.
c) Elemento rápido.
d) Revisión de Ortografía.

4. Para seleccionar desde la posición actual del cursor hasta el final de la línea, ¿qué combinación de teclas debemos usar?

a) Mayúsculas + Inicio
b) Ctrl + Mayúsculas + Fin
c) Ctrl + Mayúsculas + Inicio
d) Mayúsculas + Fin

5. Para seleccionar desde la posición actual del cursor hasta el inicio de la línea, ¿qué combinación de teclas debemos usar?

a) Mayúsculas + Inicio
b) Ctrl + Mayúsculas + Fin
c) Ctrl + Mayúsculas + Inicio
d) Mayúsculas + Fin

6. ¿Cuál de las siguientes afirmaciones es verdadera?

a) Si presionamos la tecla Backspace el efecto será borrar una letra o carácter a la derecha del punto de inserción
b) Si presionamos la tecla Delete o Suprimir, haremos que sea borrado el carácter o letra a la izquierda del punto de inserción.
c) Si presionamos la tecla Backspace el efecto será borrar una letra o carácter a la izquierda del punto de inserción.
d) Si presionamos la tecla Delete o Suprimir, haremos que sea borrado el carácter o letra a la izquierda del punto de eliminación.

7. ¿Cuál es la combinación de teclas para rehacer una acción en Word 2016?

a) Ctrl + Y
b) Ctrl + Alt + Z
c) Ctrl + Alt + Y
d) Ctrl + Z

8. ¿Cómo se selecciona una palabra con el ratón en Word 2016?

a) Haciendo doble clic sobre la palabra a seleccionar.
b) Haciendo triple clic sobre la palabra a seleccionar.
c) Haciendo triple clic sobre la palabra a seleccionar con la tecla Ctrl pulsada.
d) Haciendo doble clic sobre la palabra a seleccionar con la tecla Alt pulsada.

9. ¿Cuál es la combinación de teclas para seleccionar desde la posición actual del cursor hasta el final del documento?

a) Mayúsculas + Inicio
b) Ctrl + Mayúsculas + Fin
c) Ctrl + Mayúsculas + Inicio
d) Mayúsculas + Fin

10. ¿Cuál es la combinación de teclas para seleccionar desde la posición actual del cursor hasta el principio del documento?

a) Mayúsculas + Inicio
b) Ctrl + Mayúsculas + Fin
c) Ctrl + Mayúsculas + Inicio
d) Mayúsculas + Fin

11. Si estamos en una búsqueda avanzada de Word 2016, y no usamos la casilla de Usar comodines en la misma, y tecleamos "^tMAD", ¿qué estaremos buscando?

a) La palabra MAD, pero solo si se encuentra tras un salto de línea.
b) La palabra MAD, pero solo si se encuentra tras un carácter cualquiera.
c) La palabra MAD, pero solo si se encuentra tras una tabulación.
d) La palabra MAD, pero solo si se encuentra tras una "t" minúscula.

12. ¿Cómo seleccionaremos un bloque vertical de texto en Word 2016?

a) Haciendo doble clic sobre el bloque a seleccionar.
b) Haciendo triple clic sobre el bloque a seleccionar.
c) Pulsando la tecla Alt y arrastrando el ratón, a la vez que se mantiene pulsado el botón izquierdo sobre el texto a seleccionar.
d) Pulsando la tecla Ctrl y arrastrando el ratón, a la vez que se mantiene pulsado el botón izquierdo sobre el texto a seleccionar

13. La alineación es un comando de Word que afecta a:

a) La selección de texto.
b) La dirección del texto.
c) El interlineado del texto.
d) Los párrafos.

14. ¿En qué ficha y grupo está la opción para utilizar las tabulaciones?

a) Insertar / Tabulaciones.
b) Inicio / Párrafo/ botón cuadro diálogo Párrafo.
c) Inicio / formato / Tabulaciones.
d) Inicio / Tabulaciones.

15. En Word, ¿cuál es la diferencia entre pulsar Intro y pulsar las teclas Mayúsculas + Intro?

a) Intro indica párrafo nuevo, y Mayúsculas + Intro , indica salto de línea.
b) No hay diferencias para Word.
c) Intro indica párrafo nuevo, y Mayúsculas + Intro , indica salto de sección.
d) Intro indica salto de línea nuevo, y Mayúsculas + Intro , indica salto de sección.

16. El interlineado se puede definir como:

a) El espacio que hay entre los párrafos de un documento.
b) El espacio que hay entre una y otra línea de un mismo párrafo.
c) El espacio que hay entre los caracteres de un párrafo.
d) El espacio que hay entre los párrafos seleccionados.

17. ¿Qué combinación de teclas divide la ventana de un documento?

a) Alt + Ctrl + R
b) Alt + Ctrl + V
c) Alt + Ctrl + I
d) Alt + Ctrl + D

18. El botón Borrar Formato en Word:

a) Borra todo el Formato de la selección.
b) Deja el texto sin formato y lo elimina.
c) Funciona haciendo doble clic.
d) Ese botón existe en Excel pero no en Word.

19. Los sangrados en Word:

a) Definen el límite izquierdo de los párrafos de un documento, pero no el derecho.
b) Definen el límite derecho de los párrafos de un documento, pero no el izquierdo.
c) Definen el límite izquierdo y el límite derecho de los párrafos de un documento.
d) Definen el límite izquierdo de los párrafos de un documento y el estado de la primera línea de cada uno.

20. La sangría francesa:

a) Controla el límite izquierdo de todas las líneas del párrafo menos la primera.
b) Controla el límite izquierdo de todas las líneas del párrafo menos la segunda.
c) Controla el límite izquierdo de todas las líneas del párrafo menos la última.
d) Controla el límite derecho de todas las líneas del párrafo menos la primera.

21. Para introducir un carácter especial en el texto como los de copyright o registrado, en la pestaña de insertar, ¿cuál de las siguientes herramientas se emplea en Word?

a) Símbolo.
b) WordArt.
c) Elementos rápidos.
d) Marcador.

22. La carta modelo en un proceso de combinar correspondencia de Word:

a) Tendrá la tabla de datos para combinar.
b) No tendrá los campos de combinación.
c) Incluirá el texto que no varía.
d) Tendrá tantas hojas como datos se combinen.

23. El método más rápido para acceder a las opciones de la cinta de opciones de Word es hacer un clic con el ratón sobre ellas; si queremos acceder a las distintas opciones de los paneles y menús a partir del teclado, podemos pulsar la tecla:

a) F1.
b) Shift.
c) Ctrl.
d) Alt.

24. Un estilo de Word puede ser:

a) De párrafo, carácter, lista y tabla.
b) De párrafo, carácter, imagen y tabla.
c) De párrafo, carácter, imagen y lista.
d) De párrafo, carácter, lista y niveles

25. Señale la respuesta correcta en relación con la tabulación centrada:

a) El texto se distribuye a izquierda y derecha de ella.
b) Fijada esta, el texto comenzará a partir de ella.
c) Se utiliza principalmente para cifras.
d) El texto se desplaza a la izquierda de su posición.

26. El botón de subíndice en Word:

a) Alza el texto sobre la línea base.
b) Tiene como combinación de teclas Ctrl ++
c) Desciende el texto sobre la línea base.
d) Cambia el texto de tamaño en 2 unidades.

27. Si tenemos el siguiente texto "CARLOS,TOJEIRO,ALCALA,20,47€,CALLE REAL 25,15002, A Coruña" y usamos la utilidad de convertir texto en tabla, con separador de "," cuántas columnas y filas nos ofrecerá por defecto:

a) 8 Columnas y 1 Fila.
b) 1 Columnas y 8 Filas.
c) 7 Columnas y 1 Fila.
d) 1 Columna y 7 Fila.

28. El interlineado "Exacto" en Word:

a) Espacia todas las líneas uniformemente independientemente del tamaño de la fuente.
b) Espacia todas las líneas uniformemente independientemente del tamaño del párrafo.
c) Espacia todas las líneas uniformemente proporcionalmente al tamaño de la fuente.
d) Espacia todas las líneas uniformemente proporcionalmente al tamaño del párrafo.

29. La parte de la ventana de Microsoft Word donde aparece este elemento se llama:

a) Barra de tareas.
b) Barra de estado.
c) Barra de desplazamiento.
d) Barra de Herramientas.

30. ¿Cómo se llama este elemento **?**

a) Tamaño de hoja.
b) Zoom.
c) Acercar / Alejar.
d) Zoom / Acercar / Alejar.

31. ¿Cuál de las siguientes fichas o pestañas no es de Microsoft Word?

a) Insertar.
b) Correspondencia.
c) Datos.
d) Vista.

32. Si especifico la siguiente secuencia de páginas: 1,3,5-10 y establezco que imprima solo las páginas pares, ¿qué nos imprime?

a) No imprimirá nada.
b) Imprimirá la página 10.
c) Imprimirá las páginas 6, 8 y 10.
d) No puedo especificar que me imprima páginas pares o impares.

33. Indica cómo se llama el siguiente botón:

a) Contorno de la imagen.
b) Color de resaltado de texto.
c) Relleno.
d) Sombreado.

34. ¿En qué grupo y pestaña de la Cinta de opciones lo podemos encontrar?

a) Insertar / Imagen.
b) Herramientas de Imagen / Formato.
c) Inicio / Fuente.
d) Inicio / Párrafo.

35. Queremos añadir una tabla al documento de Word; ¿en qué pestaña encontraremos esta opción?

a) Insertar.
b) Diseño de Página.
c) Correspondencia.
d) Vista.

36. Si estamos realizando una revisión de ortografía y gramática, y queremos ir al siguiente error, ¿qué tecla o combinación de teclas usaremos?

a) Alt + F7
b) F7
c) Ctrl + F7
d) Mayús + F7

37. En Microsoft Word, ¿qué combinación de teclas guarda un documento?

a) Ctrl + A
b) Ctrl + G
c) Alt + G
d) Alt + A

38. El botón de tachado de Word:

a) Marca el texto de color rojo y con una línea horizontal.
b) Dibuja una línea debajo del texto seleccionado.
c) Dibuja una línea a través del texto seleccionado y con color de fuente siempre negra
d) Dibuja una línea a través del texto seleccionado.

39. ¿Qué combinación de teclas abre las opciones de mostrar formato?

a) Mayús + F2
b) Mayús + F3
c) Mayús + F5
d) Mayús + F1

40. Señale la función de la tecla F5 en Word:

a) Abre la ventana buscar y reemplazar.
b) Insertar Autotexto.
c) Activar la barra de menú.
d) Activar modo de extensión.

Solución al test n.º 18-19-20

1. d) 24.

2. b) Hacer triple clic sobre el párrafo a seleccionar.

3. b) Autocorrección.

4. d) Mayúsculas + Fin

5. a) Mayúsculas + Inicio

6. c) Si presionamos la Tecla Backspace el efecto será borrar una letra o carácter a la izquierda del punto de inserción.

7. a) Ctrl + Y

8. a) Haciendo doble clic sobre la palabra a seleccionar.

9. b) Ctrl + Mayúsculas + Fin

10. c) Ctrl + Mayúsculas + Inicio

11. c) La palabra MAD, pero solo si se encuentra tras una tabulación.

12. c) Pulsando la tecla Alt y arrastrando el ratón, a la vez que se mantiene pulsado el botón izquierdo, sobre el texto a seleccionar.

13. d) Los párrafos.

14. b) Inicio / Párrafo/ botón cuadro diálogo Párrafo.

15. a) Intro indica párrafo nuevo, y Mayúsculas + Intro , indica salto de línea.

16. b) El espacio que hay entre una y otra línea de un mismo párrafo.

17. b) Alt + Ctrol + V

18. a) Borra todo el Formato de la selección.

19. c) Definen el límite izquierdo y el límite derecho de los párrafos de un documento.

20. a) Controla el límite izquierdo de todas las líneas del párrafo menos la primera.

21. a) Símbolo.

22. c) Incluirá el texto que no varía.

23. d) Alt.

24. a) De párrafo, carácter, lista y tabla.

25. a) El texto se distribuye a izquierda y derecha de ella.

26. c) Desciende el texto sobre la línea base.

27. a) 8 Columnas y 1 Fila.

28. a) Espacia todas las líneas uniformemente independientemente del tamaño de la fuente.

29. b) Barra de estado.

30. b) Zoom.

31. c) Datos.

32. c) Imprimirá las páginas 6, 8 y 10.

33. d) Sombreado.

34. d) Inicio / Párrafo.

35. a) Insertar.

36. a) Alt + F7

37. b) Ctrl + G

38. d) Dibuja una línea a través del texto seleccionado.

39. d) Mayús + F1

40. a) Abre la ventana buscar y reemplazar.

Cómo acceder al Curso

Escala Auxiliar Básica de Soporte Administrativo
Test del temario

El uso de los códigos **es exclusivo de los compradores de los productos de Editorial MAD**. Cada producto posee un código único y de un solo uso. Es personal e intransferible y da acceso a servicios y contenidos adicionales. Editorial MAD se reserva el derecho de hacer cuantas comprobaciones sean necesarias para identificar al legítimo poseedor del código y dejar de dar servicio a quien haga uso fraudulento del mismo, además de emprender cuantas acciones legales estime oportunas según la legislación vigente.

Deberás acceder a:

mad.es/registro-campus

Si una vez aceptadas las condiciones de uso del Campus decides hacer uso del mismo, necesitarás del siguiente código de acceso junto con los códigos del resto de títulos que se exigen (si fuera el caso):

9EBUYX8R4Q